Anne Hassel/Ursula Schmid-Spreer (Hrsg.)
Grüne Soße mit Schuss

W0045092

Wellhöfer Verlag
Ulrich Wellhöfer
Weinbergstraße 26
68259 Mannheim
Tel. 0621/7188167
info@wellhoefer-verlag.de
www.wellhoefer-verlag.de

Titelgestaltung: Uwe Schnieders, Fa. Pixelhall, Mühlhausen
Satz: FFW Verlagsdienstleistungen
        www.ffw-verlagsdienstleistungen.de

Die Erzählungen sind frei erfunden. Ähnlichkeiten mit wirklichen Personen oder tatsächlichen Ereignissen sind nicht beabsichtigt und somit rein zufällig.

2. Auflage 2016

ISBN 978-3-95428-173-2

Anne Hassel/Ursula Schmid-Spreer
(Hrsg.)

GRÜNE SOSSE MIT SCHUSS

wellhöfer VERLAG

Inhalt

SIMONE JÖST

Freitags

(Frankfurt Sachsenhausen)

Eine Woche verging wie im Flug, wenn man sich auf etwas freute. Bei Hilde waren es die Freitage, die ihr Herz zum Stolpern brachten. Schon beim Zubereiten des Mittagessens konnte sie es kaum erwarten, bis der Zeiger endlich auf zwölf Uhr dreißig sprang und es an ihrer Haustür klingelte.

»Professor Waldmann, du stehst mir im Weg«, schimpfte die alte Dame und schob den übergewichtigen Dackel mit dem Fuß liebevoll zur Seite. Seine Krallen kratzten über den Kachelboden in der Küche. Mit einem Grunzen watschelte der Hund in sein Körbchen im Esszimmer, drehte sich zweimal um die eigene Achse und bettete sich schwerfällig auf das Polsterkissen. Dabei ließ er Hilde nicht aus den Augen.

Sie band eine weiße Latzschürze mit Rüschen um den Bauch und krempelte die Blusenärmel nach oben. Mit einem Messer machte sie sich an ein Bündel frisch gewaschener Kräuter. Die Stängel lagen der Länge nach auf dem Schneidebrett. Hilde liebte das Ratschen, wenn die Klinge durch das Grünzeug fuhr und es in winzige Stückchen schnitt. Keine Küchenmaschine, sei sie noch so praktisch und schnell, ersetzte ihr diesen Moment, wenn der Pflanzensaft in die Ritzen des Schneidebrettchens sickerte und diesen würzigen Kräuterduft freigab.

Als Reinhold ihr eines Tages gestand, dass er für Grüne Soße sündigen könne, beschloss Hilde, dies auszuprobieren. Seitdem servierte sie ihm jeden Freitag sein Leibgericht mit Eiern und Pellkartoffeln und einem Glas gekühlten Äppelwoi. Um ihm diese Freude zu bereiten, stand sie

freitagmorgens früh auf und marschierte mit schaukeln-
den Hüften von Sachsenhausen über den Eisernen Steg
bis zur Kleinmarkthalle. Dort kaufte sie die sieben Kräuter in geheimnisvollen Rollen aus weißem Papier mit grüner Aufschrift und frische Eier. Reinhold bevorzugte die
von freilaufenden Hühnern. Das sei christlicher, als diese
grausame Tierhaltung in Legebatterien zu unterstützen.

Die Küchenuhr schlug Viertel vor zwölf und Hilde
schaltete den Herd für das Kartoffelwasser an. Sie hatte Reinhold vor einem halben Jahr in der Alten Nikolai-
kirche am Römerberg kennengelernt. Das war kurz nach
dem Tod ihres Mannes. Seit 48 Jahren hatte sie fast jede
Minute mit ihrem Gatten verbracht. Und von einem Moment auf den anderen riss eine Herzattacke ihre Leben
auseinander. Darauf war sie nicht vorbereitet gewesen
und wusste nicht, wie sie mit diesem Verlust umgehen
sollte. Trost fand sie in der Kirche. Dort betete sie, weinte
oder saß einfach nur auf der Kirchenbank und betrachtete den Altar und die bunten Fenster. Bis eines Tages
plötzlich Reinhold neben ihr saß. Er schwieg, legte seine
Hand auf ihren Unterarm. Gemeinsam starrten sie auf die
brennenden Kerzen. Seine Nähe hatte etwas Tröstliches.
Hilde kam fortan täglich von Sachsenhausen über den Eisernen Steg gelaufen und freute sich auf die Treffen mit
Reinhold. Sie sprachen viel über den Tod und die Einsamkeit. Das Leben war ohne ihren Mann sinnlos und grau
geworden.

Eines Freitags klingelte es um genau zwölf Uhr dreißig
an ihrer Haustür in der Gutzkowstraße in Sachsenhausen. Sie saß am Küchentisch und aß zu Mittag, eingelegter
Hering mit Quark und Kartoffeln. Bestimmt hatte sich
jemand in der Tür geirrt. Die alte Dame bekam nie Besuch und der Briefträger war schon da gewesen. Hilde erhob sich, richtete die grauen Dauerwellen im Nacken und
strich die Küchenschürze glatt. Zaghaft drückte sie die

Gegensprechanlage und fragte, wer da sei. Es war Reinhold. Er brachte ein Hundekörbchen mit einem Dackel darin mit. Professor Waldmann war sein Name. Anfangs wusste Hilde nicht, wie sie Reinholds Geschenk finden sollte. Ein Tier erforderte Pflege und Aufmerksamkeit. Beides hätte sie lieber für sich in Anspruch genommen, statt dies nun einem Hund entgegenbringen zu müssen. Doch sie änderte ihre Meinung. Nach nur wenigen Tagen konnte sie sich keinen besseren Weggefährten vorstellen. Die Besuche in der Kirche wurden seltener, stattdessen bevorzugte sie Spaziergänge mit Professor Waldmann am Mainufer. Freitags reichte es nur für eine kurze Runde durch die Parkanlage neben ihrer Wohnung am alten Friedhof, denn freitags kam Reinhold. Hilde verwöhnte ihn jede Woche mit seiner Lieblingsspeise. Außerdem putzte sie morgens noch die Wohnung, saugte den Berberteppich im Wohnzimmer, fuhr mit der Fusselrolle über das weinrote Polstersofa und kreiste mit dem Staubwedel über die Sammlung der Porzellantänzerinnen in der Glasvitrine. Reinholds Besuche hatten etwas Warmes, etwas Herzliches und das weckte ein Kribbeln in ihr, das sie schon lange nicht mehr gespürt hatte. Manchmal stand sie vor dem Spiegel in der Diele und zupfte die Dauerwellen zurecht oder sie träufelte ein paar Spritzer Kölnisch Wasser hinter die Ohrläppchen, bevor sie die Haustür öffnete. Reinhold schmunzelte jedes Mal, wenn er sie betrachtete. Er machte ihr Komplimente und lächelte. Seine Besuche wurden zum Höhepunkt der Woche. Hilde fieberte den Freitagen entgegen und war traurig, sobald Reinhold um halb drei wieder zurück in die Frankfurter Innenstadt musste.

Eines schönen Sommertages, als sie mit Reinhold und Professor Waldmann nach dem Essen im Park auf einer Bank in der Sonne saß, fragte Hilde, ob er sich vorstellen könne, sie öfter zu besuchen. Ihr Herz pochte wie bei einem pubertierenden Schulmädchen. Ihre Wangen färbten sich feuerrot. Wie peinlich. Kinder schrien auf dem angrenzenden Spielplatz. Ein Radfahrer schoss von hinten an ihnen auf der Brückenstraße vorbei. Hilde erschrak. Reinhold räusperte sich, richtete sich auf der Parkbank gerade auf und antwortete ausweichend. Hilde hätte sich ohrfeigen können. Sie wusste doch, wie bescheiden und zurückhaltend er war. Sie hatte ihn überrumpelt, in Verlegenheit gebracht. Er wich ihrem Blick aus und blickte zur Uhr. Es war halb drei, Zeit sich zu verabschieden.

Die alte Dame schaute ihm enttäuscht nach, bis er in die Schifferstraße einbog und aus ihrem Blickfeld verschwand.

Dieser Mann war wie ein Jungbrunnen, und ob sie es wollte oder nicht, Hilde war mit ihren 75 Jahren bis über beide Ohren verliebt. Sie legte den Handrücken gegen die Stirn und lächelte. Professor Waldmann kratzte sich zu ihren Füßen mit der Pfote am Ohr. Die alte Dame konnte der Versuchung nicht widerstehen und gab einem Impuls nach, den sie anfangs nicht zulassen wollte. Sie erhob sich und eilte so schnell es ihre Arthrose zuließ, hinter Reinhold her. Zu spät! Er war bereits mit schnellen Schritten davongeeilt. Sie lief bis zum Eisernen Steg, aber statt Reinhold entdeckte sie dort ein innig umschlungenes Pärchen. Die beiden küssten sich in aller Öffentlichkeit. Ihre Leidenschaft blendete die Welt um sie herum aus. Die junge Frau lehnte an dem mit Rosetten verzierten Eisengeländer, das Hilde auf eine Idee brachte.

In der kommenden Woche erledigte sie einige Dinge und platzte schier vor Freude. Reinhold würde Augen machen, wenn er die Überraschung sah, die sie für ihn vorbereitet hatte. Hilde zählte die Tage bis Freitag. Zuerst aßen sie zusammen, vielleicht ein wenig schweigsamer als sonst, aber Reinhold war galant und zuvorkommend wie eh und je. Hilde betrachtete ihn heimlich. Ein attraktiver

Mann. Dunkles Haar, gepflegte Hände und eine sportliche Figur. Sie hatte ihn nie nach dem Alter gefragt, schätzte ihn auf Ende fünfzig. Das Schönste an ihm war sein Lächeln, mit dem er sie verzauberte.

Kurz vor halb drei, als Reinhold sich auf den Heimweg machte, nahm Hilde die Hundeleine von der Garderobe im Flur und klickte den Karabinerhaken in Professor Waldmanns Halsband ein. Die Riemen ihrer Handtasche legte sie über den linken Unterarm und hakte sich mit rechts bei Reinhold ein. Heute würde sie ihn bis zum Eisernen Steg begleiten.

Zu dritt flanierten sie in Richtung Main. Es war ein wunderschöner Sommertag. Die Sonnenstrahlen funkelten auf der Wasseroberfläche, Ausflugsschiffe tuckerten unter der Brücke hindurch. Jugendliche fuhren mit Inlineskates vorbei, Kinder schleckten an bunten Eistüten. Es war der perfekte Tag für Hildes Überraschung. Mitten auf dem Steg blieb sie stehen, öffnete die Handtasche und zog ein kleines Päckchen daraus hervor. Sie reichte es Reinhold und wartete mit glänzenden Augen. Seinen entsetzten Blick, als er ein Liebesschloss mit der Gravur ihrer beider Namen auf dem goldenen Metall in Händen hielt, wollte Hilde nicht sehen. Ihm stand der Mund offen, er suchte nach Worten, die Hilde ebenfalls nicht hören wollte. Reinhold war einfach viel zu schüchtern, redete sie sich ein. Es war doch Sinn und Zweck der Überraschung, dass endlich alle Menschen den Beweis ihrer Liebe sehen konnten. Wieso sollten sie das länger verschweigen? Sie kettete das Vorhängeschloss an eine der Metallrosetten im Geländer, das bereits über und über mit solchen Schlössern geschmückt war. Den Schlüssel warf sie in hohem Bogen in den Main. Reinholds Protest artete in einen Streit aus. Er ließ sie in der Mitte der Brücke stehen und stürmte wutschnaubend davon. Hilde zog enttäuscht den Rückzug an.

Die kommende Woche verging quälend langsam. Die alte Dame zweifelte, ob Reinhold am Freitag kommen würde. Er hatte ihr offene Worte an den Kopf geknallt, die sie nicht hören wollte und die sie sehr verletzten. Ob er wiederkam oder nicht, wusste Hilde nicht einzuschätzen. Vorsichtshalber ging sie am nächsten Freitag früh in die Kleinmarkthalle und kaufte die Kräuter für die Grüne Soße. Sie wollte vorbereitet sein und kochte für ihn, dieses Mal ganz besonders lecker. Als es pünktlich um halb eins an der Haustür klingelte, lächelte sie.

Reinhold entschuldigte sich für seine groben Worte. Sie sprachen lange und offen über ihre Beziehung. Hilde fühlte sich bestätigt und wünschte dem Gast einen guten Appetit. Sie hatte keinen Hunger mehr.

Als Reinhold ging, schloss sie die Tür hinter ihm und vergoss ein paar Tränen. Professor Waldmann setzte sich vor sie auf die Hinterbeine und winselte, als ob er ebenfalls litt.

In den nächsten Wochen blieb es freitags sehr still in Hildes Wohnung. Keine Einkäufe auf dem Markt, kein Gast zum Mittagessen. Sie besuchte wieder öfter die Kirche, saß auf den Holzbänken und betrachtete den Altar, die Kerzen. Professor Waldmann hechelte zu ihren Füßen.

Heute war Freitag. Hilde hatte das Kartoffelwasser aufgesetzt. Sie schnitt die letzten Kräuter für die Grüne Soße, deren würziger Duft ihr in die Nase stieg. Es war zwölf Uhr und der Tisch gedeckt. Der Dackel lag im Esszimmer in seinem Körbchen und beobachtete Hilde in der Küche hantieren, während sie ein Lied summte und dabei lächelte. Die Zeit wurde knapp. Die alte Dame wirbelte umher, bis alle Vorbereitungen abgeschlossen waren. Genau um zwölf Uhr dreißig hielt sie kurz den Atem an und lauschte auf die Haustürklingel.

Er kam drei Minuten zu spät, doch das Lächeln, das ihr entgegenstrahlte, als sie die Wohnungstür aufriss, entschädigte sie für das Warten.

»Guten Tag, Frau Hellknecht. Ich bin Pfarrer Lukas Engelsberg, der Nachfolger von Pfarrer Reinhold Liebkind. Unsere Pfarrsekretärin erzählte mir von Ihnen. Schrecklich, die Geschichte seines tragischen Ablebens. Herzversagen aus heiterem Himmel. Die Wege des Herrn sind manchmal unergründlich.«

Hilde bemühte sich um einen angemessenen Gesichtsausdruck, denn es waren nicht Gottes Wege, die Reinhold mit den richtigen Kräutern in der Grünen Soße ins Jenseits katapultiert hatten, sondern ihre. Sein Geständnis, sie niemals geliebt, sondern nur aus Mitgefühl besucht zu haben, wie viele andere Gemeindemitglieder auch, hatte Hilde genauso schmerzlich getroffen wie der Tod ihres Mannes.

»Wenn Sie erlauben, Frau Hellknecht, würde ich nach Reinholds tragischem Tod gerne an seiner Stelle freitags nach Ihnen sehen und mit Ihnen beten, so wie er es tat.«

Die alte Dame betrachtete den neuen Pfarrer, der genauso attraktiv wie Reinhold aussah, vielleicht sogar noch etwas verwegener lächelte. Professor Waldmann stand neben seinem Frauchen und wedelte mit dem Schwanz. Die Entscheidung war gefallen. Sie lud den Pfarrer zum Essen ein. Genau wie sein Vorgänger liebte er Grüne Soße und Äppelwoi. Beim Hinsetzen beugte er sich nach unten und kraulte das Fell des Dackels. Es rumorte in Hildes Bauch und das war ganz und gar kein Hungergefühl.

Lukas, ein wunderschöner Name. Der machte sich zusammen mit ihrem bestimmt gut auf einem Liebesschloss.

Grüne Soße

Zutaten für 4 Portionen:
200 g gehackte Kräuter (2 Pakete)
1 Becher Schmand
1 Becher Joghurt
9 Eier, je nach Geschmack
Essig, Salz, weißer Pfeffer, etwas Zucker

Zubereitung:
Die Eier hart kochen, abschrecken und pellen. Ein Ei in feine Würfel schneiden. Die Kräuter waschen, abtrocknen, fein hacken und mit den Eierwürfeln, Schmand, Joghurt, Essig, Salz, Pfeffer und etwas Zucker gut verrühren. Halbierte oder ganze Eier in der Grünen Soße anrichten.

Als Beilage kann man Pellkartoffeln und Apfelwein servieren.
Die Grüne Soße kann aber auch gut zu Schnitzel und Tafelspitz gegessen werden.

ANNE GRIESSER

Das Geburtstagsgeschenk

(Frankfurt Altstadt)

Wissen Sie, meine Schwiegertochter, die Uschi, das ist so eine Verrückte. Eine Ausgeflippte, meine ich. Hat sich mit achtundvierzig noch eine Rose aufs Schulterblatt tätowieren und ein Nasen-Pieksing machen lassen. Oder wie das heißt.

Also verstehen Sie mich nicht falsch, ich hab nichts gegen sie! Ist doch schön, wenn man jung bleibt und aufgeschlossen ist für Neues. Ich bin da genauso! Ich meine – es muss ja nur nicht gleich ein Pieksing sein, oder?

Jedenfalls hat mir die Uschi zum 70. Geburtstag so eine Wochenendbusreise geschenkt. Das verrückte Huhn! Ich bin aus allen Wolken gefallen. »Eine Kaffeefahrt?«, hab ich gefragt, ganz entsetzt. »Wo sie die alten Leute so lange einsperren, bis jeder eine Heizdecke gekauft hat?«

»Ach, Omma«, sagte die Uschi. »Quatsch! Eine ganz seriöse Kulturreise – und gar nicht billig. Du wolltest doch schon lange mal wieder nach Frankfurt rein, oder?«

Sie hat mir einen wunderschönen Gutschein gebastelt, mit den wichtigsten Programmpunkten: *Aufbruch morgens um acht, Busfahrt nach Frankfurt mit zwei Zwischenstopps zum Zusteigen. Besuch des Goethe-Hauses, anschließend ein geführter Rundgang zu den Schätzen der Altstadt, Paulskirche, Römerberg. Zeit zur freien Verfügung. Gemeinsame Einkehr in einem schönen Altstadtbistro bei Speckkuchen und Äppelwoi. Danach Bezug des Hotels, Freizeit.*

2. Tag: Frühstück im Hotel, 12 Uhr Treffpunkt Eiserner Steg – zur Mainrundfahrt auf dem Ausflugsschiff Wappen von Frankfurt, Ausklang. Rückfahrt um 16 Uhr 30.

Na ja, auf das Goethe-Haus hätte ich verzichten können, aber eine Fahrt auf dem Main und ein Speckkuchen in der Altstadt – wenn das keine Kultur ist, dann weiß ich auch nicht! Also habe ich *ja* gesagt und angefangen, mich auf die Reise zu freuen.

Im Bus saß ich neben einem älteren Herrn, Hildebrand hieß er. Ich hatte so ein bisschen das Gefühl, als hätte der Reiseleiter uns absichtlich zusammengesetzt, mit Hintergedanken, wenn Sie verstehen, was ich meine. Bei den meisten anderen Mitreisenden handelte es sich nämlich um Paare, zwischen 40 und 70 Jahren würde ich sagen, aber ein paar jüngere waren auch dabei. Natürlich war ich ganz froh, nicht alleine zu sitzen, aber der Herr Hildebrand war jetzt auch nicht wirklich eine Stimmungskanone. Oder eine Intelligenzbestie. Wie soll ich sagen: *Alzheimer, ick hör dir trapsen!*

Weil wir so früh am Morgen losgefahren sind, war ich ziemlich müde und bin mit der Zeit eingenickt. Erst als der Fahrer diese Vollbremsung hinlegte und es mich mit der Stirn gegen den Vordersitz knallte, bin ich wieder aufgewacht. Da, sehen Sie? Ich habe eine dicke Beule abbekommen!

Der Fahrer fluchte und der Reiseleiter erzählte uns über das Mikrofon, dass wir eine Panne hätten. Irgendwas am Auspuff, ich hab gar nicht richtig hingehört.

»Das fängt ja gut an!«, sage ich zu Herrn Hildebrand. »Und wir sind noch nicht mal auf der Autobahn!« Aber er hat nur gelächelt und genickt; sein Temperament ließ auch zu wünschen übrig.

Nach einer knappen halben Stunde brachte uns ein junger Mann das Ersatzteil, das wir brauchten. Da wurde ich zum ersten Mal stutzig. Ganz ehrlich: Wir standen irgendwo in der Pampa, noch gut 80 Kilometer von Frankfurt entfernt – und nach schlappen zwanzig Minuten ist der Kerl mit dem richtigen Teil hier? Wo gibt es denn so was! Weiß doch jeder, dass Deutschland eine öde Servicewüste ist, da *muss* man sich einfach wundern, wenn etwas so reibungslos klappt! Und dann hat sich der Mann auch noch so merkwürdig benommen. Ist durch den ganzen Bus gelaufen, hat uns gemustert, als würde er jemanden suchen, und ab und zu hat er sich runtergebeugt und mit einem großen Schraubenschlüssel auf den Boden geklopft. Ich meine, was soll das denn? Ich bin ja keine Expertin, aber was kann man schon hören, wenn man auf den Busboden schlägt?

»Ich glaube, mit dem stimmt was nicht!«, flüstere ich Herrn Hildebrand zu. Der zieht die Augenbrauen hoch und schaut mich ganz groß an: »Meinen Sie?«, fragt er. Dann grinst er ein bisschen dümmlich: »Meinen Sie wirklich?«

Na, ich sag's ja: nicht der Hellste. Von seiner Seite war wohl keine Unterstützung zu erwarten, wenn sich mein Verdacht erhärtete. Ich hab den fremden Kerl jedenfalls nicht aus den Augen gelassen und war sehr erleichtert, als er wieder ausstieg und wir endlich weiterfuhren.

Im Goethe-Haus kamen wir dann trotzdem auf die Minute pünktlich an. Der Fahrer muss ganz schön auf die Tube gedrückt haben! Ich nahm meinen Stock mit rein, wissen Sie, mein linkes Knie will nicht mehr so richtig. Laufen kann ich zwar, aber Rumstehen ist tödlich. Darum habe ich mir auch gleich im Erdgeschoss in der *Blauen Stube* einen Stuhl gesucht und die anderen mit dem Reiseleiter weiterziehen lassen. Der alte Goethe war sowieso noch nie so ganz mein Ding. Ich habe ihn seit der Schule nicht mehr gelesen, viel lieber mag ich die Sachen von Charlotte Link oder Bücher über Cornwall oder auch mal einen Thriller.

Na, und wie ich da so am Esstisch des Dichterfürsten sitze, rempelt mich plötzlich ein junger Mann an. Ich bin fast vom Stuhl gefallen! Erst die Beule von der Vollbremsung im Bus – und jetzt ein blauer Fleck am Oberarm. Ich hatte gute Lust, den Reiseveranstalter zu verklagen. Wenn der nicht besser auf seine Gäste aufpassen kann! Schließlich hat die Uschi selbst gesagt, dass die Fahrt nicht ganz billig war.

Der junge Mann hat sich immerhin entschuldigt, ein paar Worte genuschelt, von wegen er hätte mich für eine Wachsfigur gehalten, die zum Arrangement gehört, und ob ich nicht wüsste, dass es verboten ist, auf den Exponaten zu sitzen? Dann lief er schnell raus und erst als er weg war, ging mir ein ganzes Lichtermeer auf: Ich hatte den Kerl doch schon mal gesehen! So, und jetzt halten Sie sich gut fest: Es war tatsächlich der komische Typ, der uns das Ersatzteil in den Bus geliefert hat! Er trug andere Klamotten und hatte eine Brille auf, deshalb habe ich ihn nicht gleich erkannt. Aber er war es, einwandfrei!

Ja, Himmel, was sollte ich denn tun? Mit dem Gehstock konnte ich ihn ja schlecht verfolgen! Mir blieb nichts anderes übrig, als auf den Rest der Gruppe zu warten.

»Wir werden verfolgt«, sage ich zum Reiseleiter. »Der Kfz-Mechaniker ist hinter uns her!«

Und was macht dieser Trottel? Schaut mich an, als wäre ich meschugge!

»Ein Autoschrauber darf sich doch wohl auch für Goethe interessieren, oder?«, meint er.

Was sagen Sie dazu? So ein Idiot! Herrn Hildebrand habe ich meine Beobachtung natürlich auch mitgeteilt: »Der seltsame Typ aus dem Bus hat mich angerempelt«, sage ich. »Der führt doch was im Schilde!«

»Meinen Sie?« Herr Hildebrand zieht die Augenbrauen hoch und schaut mich groß an. »Meinen Sie wirklich?«

Tja. Hätten die Herren mal besser auf mich gehört, dann wäre vielleicht alles anders gekommen!

Auf die Führung zu den *Schätzen der Altstadt* konnte ich mich danach gar nicht mehr richtig konzentrieren. Wissen Sie, ich bin ja nicht senil oder so! Und meine Augen funktionieren auch noch ganz gut. Ich weiß, was ich sehe, und jetzt erzählen Sie mir nicht, es wäre normal, wenn ein Mechaniker morgens um neun Uhr noch arbeitet, aber um halb elf plötzlich Feierabend hat, sich umzieht und das Goethe-Haus besichtigt! Im Leben nicht!

Am *Römer* oben bemerkten dann die ersten Reisegäste beim Einkauf ihrer Souvenirs, dass ihre Portemonnaies verschwunden waren.

»Das war *er*!«, sage ich zu Herrn Hildebrand. »Aber mir glaubt ja keiner!«

Ein wenig Schadenfreude hat noch niemandem geschadet, denke ich immer, aber das Lachen verging mir ganz schnell, als ich feststellte, dass meine Brieftasche ebenfalls weg war.

Der Rempler im Museum! Ich hätte es doch wissen müssen, das liest man ja immer wieder, ein ganz alter Trick! In einer Großstadt wie Frankfurt sind natürlich jede Menge professioneller Taschendiebe unterwegs – und wir Landeier sind da doch ein gefundenes Fressen. Der Mechaniker hat im Bus seine Opfer ausgesucht!

Was habe ich mich geärgert! Immerhin hatte ich fünfhundert Euro mitgenommen, nur so für den Fall, dass ich etwas Schönes finde in der Stadt – ein neues Kostüm vielleicht oder ein paar bequeme Schuhe.

Fünfhundert Euro futsch – das steckt man nicht so leicht weg, bei meiner schmalen Rente, das können Sie mir glauben!

»Na, so was!«, sagt Herr Hildebrand. Sein Portemonnaie war noch da und er versprach mir, mich auf einen Kaffee einzuladen.

Die anderen bestohlenen Mitreisenden nahmen es deutlich lockerer als ich. Die jungen Leute haben eben keinen rechten Bezug mehr zum Geld. Vielleicht hatten sie auch einfach nicht so viel dabei.

Zumindest der Reiseleiter war jetzt betroffen. »Die Polizei!«, ruft er. »Wir brauchen die Polizei!«

Zehn Minuten später kam sie. Ohne Blaulicht, ohne Martinshorn. Ein paar beklaute Touristen waren wohl nicht so wichtig. Der Beamte war allein, anders als im Fernsehen, wo sie immer zu zweit auftreten. Er trug eine altmodische Uniform, Sie wissen schon: gelbes Hemd, Khakihose und Schirmmütze. Ich wusste gar nicht, dass es die noch gibt. Ansonsten war er aber recht cool, wie man so sagt. Lässig mit Kaugummi im Mund, man verstand ihn ziemlich schlecht.

»Wassn los hier?«, fragt er mich, ausgerechnet mich und da habe ich ihm natürlich alles erzählt, vom falschen Mechaniker, vom Rempler im Museum und dass danach mein Geldbeutel weg war.

»Können Sie den Mann beschreiben?«, fragt er und lässt lautstark eine Kaugummiblase platzen.

Und ob ich das konnte! In allen Details. Aber glauben Sie etwa, der Kerl hätte mitgeschrieben? Nichts! Schiebt seinen Kaugummi von rechts nach links und wieder zurück, und einmal, ich schwöre es!, einmal hat er unserem Reiseleiter verstohlen zugezwinkert – mit einem Seitenblick auf mich – und da war mir plötzlich alles klar. Die steckten alle unter einer Decke! Der Fremde, der Reiseleiter und der dumme Polizist, der höchstwahrscheinlich gar keiner war, mit seiner uralten Uniform.

Mein Gott, dachte ich mir. Die Uschi ist auf eine Betrugsfirma reingefallen! Und die fünfhundert Euro konnte ich mir auch abschminken. »Herr Hildebrand«, zische ich ihm leise zu. »Das ist ein Komplott!«

»Meinen Sie?«, flüstert er zurück. »Meinen Sie wirklich?«

Oh Herr, schmeiß Hirn vom Himmel!

Wissen Sie, danach habe ich mich dann lieber ruhig verhalten. Wollte nicht mehr auffallen. Man weiß ja nie,
wozu so eine Bande fähig ist. Als der Pseudo-Polizist meine Personalien aufnehmen wollte, habe ich sie ihm gegeben – mein Gott, die hatten sie ja eh schon von der An-
meldung.

»Jetzt kann ich aber wirklich einen Speckkuchen brauchen!«, sagt der Reiseleiter, sobald der falsche Beamte
weg war. Und da musste ich ihm ausnahmsweise recht geben. Ich war völlig ausgehungert und außerdem war das
Essen im Preis inbegriffen, ein wichtiger Gesichtspunkt,
jetzt, da ich pleite war.

Ich saß mit Herrn Hildebrand an einem Zweiertisch
und die Gabel in meiner Hand zitterte ein wenig. Er tät-
schelte meinen Arm. »Die finden den Dieb schon!«, sagt
er. »Da bin ich mir sicher.« Ich konnte seine Zuversicht
nicht teilen, aber es war nett, dass er mich zu trösten versuchte.

Der Speckkuchen beruhigte mich ein bisschen. Wirklich, sehr köstlich. Ich verputzte drei große Stücke – wir
hatten *all you can eat* gebucht – und hörte erst auf, als
es in meinem Bauch rumorte. Kennen Sie das? Lauch hat
bei mir diese Wirkung. Genau wie Wirsing, Blumenkohl
und Zwiebeln. Dann muss es ganz schnell gehen, ich
bin schließlich nicht mehr die Jüngste. Herr Hildebrand
schaute mir ein wenig verdattert nach, als ich meinen
Stock packte und plötzlich aufsprang. Aber glauben Sie
mir, das hatte nichts mit Vorsatz oder Absicht zu tun. Es
lag wirklich nur am Speckkuchen, ich musste einfach zu
den Toiletten.

Ja – und auf dem Weg dorthin habe ich mich in der Eile
verlaufen und bin in diesem kleinen Nebenraum gelan-
det. Und dort saß er. Jetzt wieder ohne Brille. Vor sich auf
dem Tisch fünf oder sechs Portemonnaies – meines war
auch dabei.

Ich frage Sie – wären Sie da nicht auch ausgerastet? Ich meine, das war doch die letzte Chance, meine fünfhundert Euro wiederzubekommen! Da war mir mein rumorender Bauch erst mal egal, ich habe den Gehstock gepackt und dem Kerl gegeben, was er verdiente.

Ich bitte Sie, Herr Kommissar! Woher hätte ich denn wissen können, dass der Mann nur ein Schauspieler war? Und dass mich die Uschi, das verrückte Huhn, zu so einer Reality-Krimi-Dingsda-Reise angemeldet hat?

Die anderen Fahrgäste, die wussten, worauf sie sich eingelassen hatten – sogar der Herr Hildebrand. Aber ich hatte keine Ahnung, sollte ja unbedingt eine Überraschung sein!

Dass ich mit meinem Gehstock so hart zuschlagen kann, war mir überhaupt nicht bewusst. Der arme Kerl! Ich hoffe doch, das wird beim Prozess berücksichtigt, Herr Kommissar?

So, nun habe ich Ihnen alles erzählt. Kann ich jetzt vielleicht noch ein Stück von diesem exzellenten Speckkuchen haben?

Speckkuchen

Den Speckkuchen gab's in hessischen Dörfern immer an Backtagen. Wenn der Ofen für Brote nicht mehr heiß genug war, rollten die Landfrauen übrig gebliebenen Teig auf großen Blechen aus. Darauf verteilten sie Schmand und Speck, Semmelbrösel, Eier und Porreeringe und servierten den kross gebackenen, köstlich dampfenden Speckkuchen der ganzen Familie.

Zutaten:
4,5 Pfund Brotteig
2 Pfund Porree
20 Eier
2 Pfund Speck
eine halbe Handvoll Paniermehl
1 EL Salz
2 bis 2,5 kg Schmand

Zubereitung:
Den Brotteig daumenbreit auswellen. Die Eier aufschlagen und mit dem Schmand glatt rühren. Porree in dünne Ringe schneiden und dazugeben. Mit Salz abschmecken. Die gut vermengte Masse auf dem Teig verteilen. Den Speck in dünne Stücke schneiden. Die Speckstücke in Semmelbröseln wälzen und auf dem Kuchen verteilen. Den Speckkuchen bei großer Hitze etwa 20 Min. backen.

JOSEF RAUCH

Der falsche Jesus

(Frankfurt Bahnhofsviertel)

1

»Und Sie sind auch wirklich bewaffnet, Herr Marlein?«
Ich stöhnte und ließ ihn meine Knarre sehen.

»Was denken Sie, was das ist? Ein Flaschenöffner?«
Der Mann war immer noch skeptisch.

»Aber wie wollen Sie die Waffe durch die Sicherheitskontrollen bekommen, die es bei dieser berühmten Messe sicherlich gibt?«
Ich zückte mein Portemonnaie und zeigte ihm einen Ausweis.

»Ich glaube nicht, dass man von einem Beamten des Bundeskriminalamtes verlangen wird, dass er seine Dienstwaffe abgibt.«
Er sah mich mit großen Augen an.

»Sie arbeiten für das BKA? Ich dachte, Sie sind Privatdetektiv?«
Ein überlegenes Lächeln umspielte meine Lippen.

»Natürlich bin ich Privatdetektiv. Aber ich wäre ein ziemlich schlechter, wenn ich nicht einen gutsortierten Satz gefälschter Papiere mein Eigen nennen könnte.«
Jetzt endlich lehnte er sich zufrieden im Sitz des Zugabteils zurück.

»Ich sehe schon, ich habe genau den richtigen Mann für diesen Job engagiert.«
Ich selbst teilte diese Einschätzung nicht – okay, der Mann war schon richtig, aber der Job war falsch.

Herr Brennfluss, mein Klient, der mir im Intercity nach Frankfurt gegenübersaß, war Ende September in meinem Büro in der Fürther Blumenstraße aufgetaucht. Er hatte mir erklärt, er habe ein revolutionäres Buch mit dem Titel *Der falsche Jesus* geschrieben, das für Furore sorgen und die Welt verändern werde. Er wolle es auf der in der zweiten Oktoberhälfte stattfindenden Frankfurter Buchmesse erstmals der Öffentlichkeit vorstellen. Wegen der Brisanz des Werkes müsse er aber mit Attentatsversuchen während der Messe rechnen, und deshalb wolle er mich als Leibwächter engagieren. Ich solle ihn nach Frankfurt begleiten, um seine Gesundheit und sein Leben zu schützen.

Im Prinzip gar kein abwegiger Job – wenn es sich tatsächlich um einen berühmten Schriftsteller gehandelt hätte und nicht, wie es bei Herrn Brennfluss der Fall war, um einen kleinen Staubsaugervertreter aus Fürth, für dessen literarische Ambitionen sich kein Schwein interessierte.

Wie gesagt, eigentlich der falsche Job, aber ich war gerade mal wieder pleite, und da Herr Brennfluss sich meine Beschützerdienste tatsächlich die ordentliche Stange Geld kosten ließ, die ich ihm als Honorar genannt hatte, blieb mir keine andere Wahl, als den Auftrag anzunehmen.

Ich musterte meinen Klienten halb mitleidig, halb angeekelt.

»Wovon handelt Ihr Buch gleich nochmal?«

Seine Augen leuchteten.

»Es beweist, dass Jesus Christus eine erfundene, rein fiktive Fantasiefigur ist und in Wirklichkeit niemals gelebt hat. Dieses Buch wird das Christentum nicht nur in seinen Grundfesten erschüttern, es wird es abschaffen – ein theologisches und weltanschauliches Erdbeben! Der Vatikan und die christlichen Fundamentalisten werden versuchen, mich aus dem Weg zu räumen, bevor mein Werk seinen Siegeszug um die Welt antritt und ihre Religion auslöscht. Wollen Sie mal reinlesen?«

Er kramte in seiner Sporttasche, in der er ein Dutzend Exemplare seines Buches mitschleppte, aber ich winkte ab.

»Nicht jetzt. Vielleicht später auf der Messe. In Frankfurt.«

2

Am Frankfurter Hauptbahnhof deckte ich mich mit Proviant ein.

Ich holte mir Brötchen in einer Bäckerei und betrat anschließend eine Metzgerei. Eine dickliche Verkäuferin stand hinter der Theke.

»Was hädde Se denn gern, der Herr?«

»Ich hätte gerne irgendeine hessische Wurst-Spezialität. Gibt's so was?«

»Da könnd isch Ihne de Frankfurter Rindswurst anbiede.«

»Was ist das?«

Sie erklärte mir, dass es sich dabei um eine Brühwurst handelt, die zu hundert Prozent aus Rindfleisch bestehe.

»Dann hätte ich gern zwei davon.«

Während sie mir das Gewünschte einpackte, plauderte sie munter weiter.

»Wolle Se zur Buchmess?«

»Ja.«

»Sinn Se Schriftsteller?«

»Nein. Privatdetektiv.«

»Privatdetektiv? Mer habbe hier in Frankfurt aach aan berühmde Privatdetektiv, den Kemal Kayankaya. Kenne Se den?«

»Nein.«

Sie schwärmte, dass Kollege Kayankaya jeden Fall lösen würde, egal ob es um Entführer oder Erpresser, Mafiakiller oder Menschenhändler, verschwundene Personen oder korrupte Polizisten ging. Ich tat beeindruckt.

»Ein toller Hecht. Aber auf der Buchmesse werde ich ihn wohl kaum treffen.«

»Sache Se des net. Habb gehört, dass de Kemal da hin und widde Leibwächter für de Autore spielt.«

Witzig, dachte ich. Ich bin also offenbar nicht der einzige Schnüffler, der in dieser Funktion auf der Buchmesse tätig ist.

Ich zahlte die Frankfurter Rindswurst, bedankte mich für die Informationen und gesellte mich wieder zu meinem Schützling, der vor der Metzgerei auf mich gewartet hatte.

3

Der Frankfurter Hauptbahnhof ist eine Art Kathedrale des Verkehrs – auf dem neben Hamburg und München größten Personenbahnhof Deutschlands werden täglich hunderttausende Menschen abgefertigt.

Und die Frankfurter Buchmesse ist eine Art Kathedrale der Literatur – auf der weltweit größten Messe dieser Art werden alljährlich hunderttausende Bücher ausgestellt.

Herr Brennfluss und ich begaben uns vom Hauptbahnhof direkt zum Messezentrum, das nur ein paar Gehminuten entfernt liegt.

Wir gingen durch eine von mehreren Hallen, allesamt so groß wie Fußballstadien und alle randvoll mit Büchern, soweit das Auge reichte – ein Schlaraffenland für Bibliophile, ein Alptraum für Legastheniker. Genauer gesagt gingen wir nicht durch, sondern wurden durchgeschoben von den Menschenmassen, die sich durch die Gänge zwischen den Verlagsständen wälzten – es war schon jetzt am ersten Tag, der ja nur Fachbesuchern vorbehalten war, so voll wie auf dem Münchner Oktoberfest. Wie würde es dann erst am Wochenende aussehen, wenn jedermann diese heiligen Hallen der Kultur betreten durfte?

Ich bestaunte bewundernd die riesigen Aufbauten der großen Verlage, deren Motto offenbar Klotzen statt Kleckern hieß. Und ich kreuzte die Wege so manches C-Promis – schriftstellernde Provinzpolitiker, schriftstellernde Fußballspieler, schriftstellernde Pornosternchen. Aber auch ein paar echten Stars konnte man hier live begegnen, zum Beispiel dem weißbärtigen Mönch Ansgar Gelb aus einer bayerischen Benediktinerabtei, der mit massenhaft auf den Markt geworfenen Werken religiöser Erbauungsliteratur und spiritueller Lebenshilfe zum Bestsellerautor avanciert war. Eine vielköpfige Menschenmenge drängte sich um den Stand, an dem er eine Lesung absolvierte, und ein Schild wies darauf hin, dass man ihn hier ganztägig beim Promoten seines neuesten Printerzeugnisses erleben konnte.

Mein Klient warf ihm einen hasserfüllten Blick zu und knurrte: »Mein größter Konkurrent. Aber seine Tage sind gezählt, wenn mein Buch groß rauskommt.«

Schließlich kamen wir in einer abgelegenen Ecke der Halle an, wo es kleine telefonzellenähnliche Boxen gab, in denen gerade mal Platz für einen Minitisch und zwei Stühle war. Herr Brennfluss betrat eine dieser Boxen.

»So. Da wären wir.«

Ich starrte ihn ungläubig an.

»Das ist unser Stand?«

»Was hätten Sie erwartet?«

»Die anderen sind irgendwie größer.«

»Ich bin Selbstverleger und ich habe nur ein Buch. Ich brauche gar nicht mehr Platz und selbst eine solche Mini-Nische kostet eine horrende Gebühr. Aber nicht die Quantität eines Verlages ist entscheidend, sondern die Qualität. Ich wette, die Leute werden uns die Bude einrennen.«

4

Ich hätte dagegen wetten sollen, dann hätte ich meinem Klienten noch mehr Kohle abgeknöpft.

Die Stunden vergingen, aber der prognostizierte Massenansturm an unserem Stand setzte – für mich wie erwartet, für Herrn Brennfluss jedoch völlig überraschend – nicht ein. Und zwar so was von dermaßen nicht! Man konnte die Interessenten, die unsere Kabine betraten und sich eines der zwölf Exemplare von *Der falsche Jesus* ansahen, die Herr Brennfluss auf den Präsentationsleisten an der Wand aufgestellt hatte, an einer Hand abzählen. Und selbst diese Hartgesottenen schlug er dadurch, dass er sie sofort in seiner aufdringlichen Staubsaugervertretermanier bequatschte, schnell wieder in die Flucht.

Wir saßen auf den beiden Stühlen neben dem kleinen Tisch. Herr Brennfluss wurde zunehmend missgelaunter und depressiver. Ich versuchte ihn zu trösten.

»Es liegt nicht an Ihnen, dass sich keine Sau für das Buch interessiert. Unsere Gesellschaft ist einfach schon so atheistisch geworden, dass die Nachricht, dass Jesus gar nicht existiert hat, schon gar niemanden mehr sonderlich berührt.«

Er erwiderte nichts, also stellte ich meine kommunikativen Aufbauversuche wieder ein. Stattdessen schnappte ich mir meine selbstgebastelten Frankfurter-Rindswurst-Sandwiches und brachte meinen knurrenden Magen zum Schweigen, indem ich sie verzehrte. Die Rindswurst schmeckte herzhaft und intensiv. Eine willkommene Abwechslung zum fränkischen Slow-Food-Klassiker, den kleinen Rostbratwürsten in der Semmel, besser bekannt als *Drei im Weggla*.

Meine Verpflichtungen in Sachen Attentatsverhinderung hielten sich angesichts ausbleibender Leser, geschweige denn Attentäter, in engen Grenzen, und irgendwann wurde mir langweilig. So langweilig, dass ich schließlich zum Äußersten griff – zu Herrn Brennfluss' Buch. Ich hatte es in zwei Stunden durchgelesen. *Der falsche Jesus* war ein kruder Mix aus diversesten Theorien, warum die Figur des christlichen Religionsstifters eine reine Erfindung war – und dass diese Figur in Wirklichkeit ein Mix aus sagenhaften Helden und Göttern wie dem jüdischen Josua, dem griechischen Dionysos, dem römischen Mithras, dem ägyptischen Osiris, dem indischen Buddha sowie einem außerirdischen Alien sei.

Ich klappte das Buch zu.

»Ich muss mal für kleine Privatdetektive.«

»Dann gehen Sie.«

»Sie müssen mitkommen.«

»Können Sie nicht alleine?«

»Doch. Aber wenn ich alleine gehe, sind Sie ungeschützt.«

»Ist schon gut. Es sieht im Moment nicht nach Anschlägen aus. Und zur Sicherheit können Sie mir ja Ihre Waffe hier lassen.«

Kein Problem, dachte ich, machen wir es so, ich bin ja schließlich gleich wieder zurück.

Falsch gedacht!

5

Ich war zwar auch gleich wieder da.

Nur mein Klient war weg.

Scheiße, dachte ich.

Entführt – im Auftrag des Vatikans!

Er hatte mich, Privatdetektiv Philipp Marlein, extra engagiert, weil er einen Anschlag auf sich befürchtet hatte, und ich hatte es nicht verhindern können, nur weil ich drei Minuten auf dem Klo war.

Doch dann fiel mir etwas ein – eine Begebenheit auf dem Weg zu unserem Stand, kombiniert mit den Ereignissen – oder besser gesagt: Nicht-Ereignissen – der letzten Stunden.

Und ich wusste, dass alles ganz anders war.

Ich rannte los und versuchte, mich so schnell wie möglich durch die Menschenmassen durchzukämpfen.

Als ich am Stand des Bestseller-Mönchs Ansgar Gelb angekommen war, sah ich Herrn Brennfluss tatsächlich am Rand der Menge stehen.

Und ich sah, wie er meine Knarre hob und auf den Mönch anlegte.

Ich stürmte auf Brennfluss zu und stürzte mich auf ihn.

Ich konnte nicht verhindern, dass er abdrückte – aber da ich ihn beim Schießen umriss, ging der Schuss nicht in den Mönch, sondern in die Luft.

Schreie und Panik um uns herum, die Menschen stoben auseinander.

Ich entwand meinem Klienten die Pistole, schob sie in meine Jackentasche, nahm Herrn Brennfluss in den Würgegriff und herrschte ihn an:

»Nicht Jesus ist falsch – *SIE* sind hier der falsche Fuffziger! Ich dachte, ich arbeite für das Opfer eines potenziellen Verbrechens – und nicht für den Täter! Und ich dachte, Sie wollen die Menschen mit Worten von Ihren Ideen überzeugen, nicht mit Gewalt!«

Er keuchte in meinem Schwitzkasten.

»Sie haben doch gesehen, die Menschen wollen meine Ideen nicht hören. Manchmal muss man die Leute mit dem Vorschlaghammer wachrütteln, damit sie die Wahrheit begreifen.«

»Wenn Sie Ansgar Gelb erschossen hätten, würden Sie für den Rest Ihres Lebens ins Gefängnis wandern, und Sie könnten Ihre Botschaft überhaupt nicht mehr verkünden.«

»Wenn ich Ansgar Gelb erschossen hätte, würde mein Buch ein Bestseller werden. Das Opfer, für den Rest des Lebens ins Gefängnis zu wandern, würde ich gerne bringen, wenn der Lohn dafür die Erleuchtung von Milliarden verwirrter Geister wäre.«

Ich wurde von hinten gepackt und beiseite gezogen. Ein Rudel schwarzgekleideter Sicherheitsbeamter stürzte sich auf Herrn Brennfluss und schleifte ihn weg.

Da ich keinen Bock darauf hatte, ebenfalls eingesackt zu werden und stundenlange Verhöre im Frankfurter Polizeipräsidium über mich ergehen lassen zu müssen, tauchte ich schnell in der Menschenmasse unter, die sich schon wieder zusammengerottet hatte, um Ansgar Gelb in dieser Schreckensstunde nahe zu sein, und verließ den Tatort.

Zumindest konnte ich mir jetzt noch in Ruhe die Buchmesse ansehen, statt in einer größeren Schuhschachtel zu sitzen und einen religiösen – oder besser gesagt anti-religiösen – Fanatiker vor potenziellen Attentätern zu schützen – wobei der einzige potenzielle Attentäter ja er selbst war, wie sich herausgestellt hatte.

Doch ich hielt weniger nach Büchern Ausschau als vielmehr nach einem Typen, der, wie ich es die letzten Stunden getan hatte, an einem dieser Stände saß und krampfhaft versuchte, nicht auszusehen wie ein Leibwächter, der einen gefährdeten Autor beschützen sollte.

Denn es wäre sicherlich hochinteressant gewesen, sich mit dem berühmten hessischen Privatdetektiv Kemal Kayankaya über die Freuden und vor allem Leiden eines Schnüfflers auf der Frankfurter Buchmesse auszutauschen.

*Diese Geschichte ist Jakob Arjouni (1964-2013) gewid-
met. Seine fünf Kemal-Kayankaya-Krimis (erschienen
im Diogenes-Verlag) sind für mich persönlich die besten
deutschsprachigen Privatdetektiv-Romane aller Zeiten,
und ich lese sie immer wieder mit Genuss.*

Frankfurter Rindswurst

auch Rote Wurst genannt, ist eine Brühwurst.

Die Wurst besteht zu 100 % aus Rindfleisch, dabei kann Muskelfleisch teilweise durch Fleischfett ersetzt werden. Im Kutter wird das grob durch den Wolf gedrehte Fleisch mit Nitritpökelsalz und Kutterhilfsmitteln kurze Zeit langsam zerkleinert. Es wird Fett und Eischnee hinzugegeben und das Zerkleinerungstempo erhöht, bis eine feinst zerkleinerte Masse entstanden ist.

Diese würzt man mit weißem Pfeffer und Paprika.

60 bis 90 Minuten werden die Würste heiß geräuchert und in Rinderdärmen abgebunden.

URSULA SCHMID-SPREER

Vier Frauen und ein Mann

(Hanau)

»Und das, meine Damen, wäre das Badezimmer.«

»Ein bisschen klein«, sagte Elisabeth.

»Bei den Fliesen sieht man jeden Dreckspritzer«, antwortete Amelie.

Der Makler lächelte gequält. »Nun würde ich Ihnen gerne die Küche zeigen.«

Die Damen liefen im Gänsemarsch hinter ihm her. Amelie öffnete eine Schublade der Einbauküche, schloss sie, öffnete sie erneut. »Hier liegt noch ein Kochbuch«, rief sie. »Hat wohl der Vorgänger vergessen.«

Sie nahm das Buch in die Hand. Die Seite mit dem Gericht *Weckewerk* ging automatisch auf.

»Das ist mir zu fett«, sagte Teresa. »Ich muss auf meine Figur achten. Das erinnert mich an meinen Exmann. Der mochte das so gerne, allein deshalb mag ich es schon nicht mehr essen.«

»Männer konsumieren das scheinbar sehr gerne. Für den Meinigen musste ich es auch immer kochen«, warf die vierte Dame ein, die sich die Küchenzeile betrachtete. »Mögen Sie Weckewerk ebenfalls?« Amelie sah den Makler interessiert an.

»Natürlich«, lächelte er. »Eine deftige Mahlzeit. Für mich mit viel Knoblauch. Jetzt haben Sie alles gesehen, meine Damen. Ich muss ein bisschen drängeln, der nächste Termin«, meinte er entschuldigend. »Bedenken Sie, der Preis ist für Hanau sehr günstig.«

»Günstig, bah«, stichelte Elisabeth. »Was Sie so als günstig betrachten.«

»Meine Damen!« Brigitte machte eine Handbewegung Richtung Makler, dass er sich entfernen möge. »Also meine Damen, sind Sie alleinstehend?«

»Was geht Sie das an?«, ereiferte sich Teresa.

»Weil ich Ihnen einen Vorschlag unterbreiten möchte.« Brigitte zog eine Augenbraue hoch und verschränkte die Arme. »Hören Sie zu. Wollen wir das Haus gemeinsam mieten? Groß genug wäre es. Jede bekäme ein Zimmer. Gründen wir doch einfach eine WG. Wir können es mal probieren. Und wenn es nicht klappt, finden wir schon eine Lösung.«

Erst zögerlich, dann beherrscht, nickten die Damen, murmelten übereinstimmend *ja*.

»Gar keine schlechte Idee«, meinte Teresa nun versöhnlich. »Was meinen Sie, Ladies?«

»Hm, je länger ich darüber nachdenke: Ich bin dabei«, sagte die dritte der Damen und die vierte nickte. »Ja, probieren wir es.« Gesagt, getan. In den nächsten zwei Wochen zogen alle Frauen ein. Sie hatten viel zu tun, um sich gemütlich einzurichten.

Als alles an Ort und Stelle stand, Pläne für Koch- und Putzdienst erstellt waren, setzten sich die vier mit einem Glas Wein gemütlich auf die Couch. Elisabeth war mit Kochen dran, sie hatte Weckewerk mit Pellkartoffeln zubereitet.

»Sorry, aber ich kann das Gericht einfach nicht mehr sehen.« Amelie legte das Besteck wieder zurück. »Mein Exmann hat es wie Teresas Ex ebenfalls mit Vorliebe gegessen.«

Die beiden anderen Damen stimmten mit ein: »Meiner auch!«

»Ich bin froh, dass ich diesen Typen los bin. Betrogen hat er mich, die Frauen wurden immer jünger«, ergänzte Teresa.

»Warum hast du ausgerechnet Weckewerk gemacht, Elisabeth?« Die Damen hatten beschlossen, wenn sie schon zusammenwohnten, sollte man sich duzen. Die Angesprochene hob und senkte die Schultern. »Keine Ahnung, wahrscheinlich steckt das noch so in mir drin. Entschuldigt bitte.«

»Und mein Ex dachte, ich würde es nicht merken, wenn er wieder mal eine *Arbeitsbesprechung*«, Brigitte machte Gänsefüßchen in die Luft, »vortäuschte.«

»Und meiner«, warf Amelie ein, »litt ja immer so, wenn er einen Schnupfen hatte. Nur mir zuliebe hat er sich zur Arbeit geschleppt, weil er ja schließlich für mich Geld verdienen wollte. Und dann hat er sich äußerst gemein bei der Scheidung verhalten. Wollte keinen Unterhalt bezahlen, weil wir erst zwei Jahre verheiratet waren.«

»Das kommt mir alles so bekannt vor«, sagte Brigitte. »Betrogen, belogen und ausgenutzt.«

»Und wenn es später wurde, hat er angerufen und ich musste ihm noch Weckewerk kochen.«

Die Damen nahmen unisono einen Schluck Wein. Blickten gedankenverloren.

»Ist schon seltsam«, Elisabeth kratzte sich nachdenklich das Kinn. »Man könnte fast denken, wir wären alle mit demselben Mann verheiratet gewesen.«

»Ist Zehner dein Mädchenname, Amelie?«

»Ja, ich habe ihn wieder angenommen, denn Schneider wollte ich wirklich nicht mehr heißen.«

Teresa, die gerade einen Schluck Rotwein getrunken hatte, spuckte ihn in hohem Bogen aus. »Schneider?«, fragte sie. »So hieß ich auch mal.« Ein Stimmengewirr erklang. »Ich auch«, sagte Brigitte, »ich auch,« meinte Elisabeth.

Alle vier standen hektisch auf und kamen nach einigen Minuten mit einem Bild wieder. »Das ist er! Oh Gott, der Herr Schneider!« Es wurde still. »Himmel, Mädels, das Schicksal hat uns zusammengeführt. Wir waren alle mit demselben Mann verheiratet.« Brigitte schlug sich auf die Schenkel und begann hysterisch zu kichern.

»So ist es wohl«, meinte Teresa. »Ich hol noch eine Flasche Rotwein.«

Je später der Abend wurde, desto höher stieg der Alkoholpegel. Die Damen gackerten und feixten und schmiedeten einen verhängnisvollen Plan.

Teresa fuhr in die Tiefgarage Am Markt. Amelie hatte sie gebeten mitzufahren und ihr beim Einkaufen zu helfen.

»Lass uns durch den Schlossgarten spazieren. Er wirkt so englisch.«

»Da magst du recht haben, liebe Teresa. Immerhin war er ein wesentlicher Bestandteil der hessischen Landesgartenschau.«

Teresa zog ihr Handy aus der Tasche, wischte darüber und sagte: »Machen wir, selbstverständlich. Natürlich. Ja. In Ordnung. Das war Brigitte, wir sollen noch mehr Knoblauch mitbringen.«

Amelie kicherte. »Damit der Geschmack übertüncht wird.«

»Meinst du, wir tun das Richtige?« Teresa seufzte.

»Soll ich dir mal erzählen, was er mir alles angetan hat? Zwei Jahre meines Lebens habe ich mit dem Kerl verbracht. Zwei Jahre zu viel.«

»Siehst du, mit mir war er immerhin fünf Jahre verheiratet.«

»Weil du zu geduldig warst, liebe Teresa. Er ist ein Ekel und er hat sich immer schnell getröstet. Zu schnell. Komm jetzt. Lass uns einkaufen gehen.«

Es herrschte eine angespannte Stille. Jede der Damen wusste, was sie zu tun hatte. Brigitte drehte Schweineschwarten und Schweinefleisch durch den Wolf. Elisabeth vermengte das Fleisch mit den eingeweichten Brötchen und schnitt Zwiebeln klein. Teresa bereitete Pellkartoffeln und Gelbe Rüben vor und holte aus dem Garten Petersilie. Amelie deckte den Tisch mit edlem Porzellan. Für zwei Personen. Es war so einfach gewesen. Werner, ihr Exmann, hatte sofort eingewilligt, sich bei ihr zu treffen. Sie hatte vorgetäuscht, einiges mit ihm wegen des Unterhaltes besprechen zu wollen. Noch eine halbe Stunde. Aus der Küche roch es verführerisch. Amelie frisierte sich sorgfältig. Arbeitete mit dem Lockenstab noch ein paar Kringel in ihre langen Haare. Sie verzichtete auf einen BH, öffnete einen weiteren Knopf der Bluse. Der hautenge Rock brachte ihre schönen Beine erst richtig zur Geltung.

»Wow«, sagte Elisabeth, als Amelie in die Küche gestöckelt kam. »Du siehst umwerfend aus.« Auch die anderen Damen hoben anerkennend den Zeigefinger nach oben. Brigitte schnalzte.

»Der Typ hatte dich gar nicht verdient! Sei froh, dass du ihn los bist.«

Pünktlich läutete es an der Tür. Werner Schneider stand mit einem Rosenstrauß davor. Anerkennend pfiff er. »Du siehst gut aus, verdammt gut sogar.«

Amelie lächelte, nahm ihm die Blumen ab und bat ihn Platz zu nehmen.

»Ich habe dir dein Lieblingsgericht gekocht. Weckewerk mit Pellkartoffeln und geele riewe. Möchtest du vorher ein Schnäpschen?«

Werner nickte und Amelie goss großzügig ein. Sie selbst nippte nur.

»Setz dich. Ich konnte mich nicht entscheiden, ob ich einen Sommerhausener oder einen Escherndorfer Wein nehmen sollte.« Sie zog eine Augenbraue hoch, spitzte den Mund.

»Fangen wir mit dem Sommerhausener an«, meinte Werner gönnerhaft. »Ich hoffe, das ist ein Qualitätswein?«

»Aber natürlich, Männchen. Entschuldige«, beeilte sich Amelie zu sagen. Der Kosename aus früheren Zeiten ging ihr immer noch von den Lippen.

»Macht doch nichts, mein Mäuseschwänzchen«, lächelte Werner.

»So ein Arsch, mich hat er auch Mäuseschwänzchen genannt. Mich auch und mich natürlich auch«, flüsterten die drei Frauen hinter der Tür, die einen Spalt offen stand.

»Ich freue mich auf ein Geschmackserlebnis der besonderen Art. Zum Wohl!« Werner griff eifrig zu. »Lass es dir schmecken, Männchen. Ich weiß doch, dass das dein Lieblingsgericht ist.« Sie prostete ihm oft zu, selbst aß sie wenig.

»Seit wann gibst du Petersilie in das Gericht?«

»Prost!« Amelie füllte das Glas auf.

»Ex«, meinte sie, um gleich danach erneut aufzufüllen. »Schmeckt's dir?«

»Ja, schon, nur mein Mund brennt ein bisschen.«

»Ich habe wohl zu viel Pfeffer rein. Trink doch noch.« Werner wischte sich den Schweiß von der Stirn. Er wirkte seltsam blass.

Amelie öffnete die zweite Flasche Wein. »Diesmal ist es der Escherndorfer, Männchen.« Sie schlug sich auf den Mund und kicherte. Schwenkte ihren Hintern vor Werner hin und her, der vergeblich versuchte nach ihr zu grabschen. Seine Sprache wurde verwaschen.

»Du bist ein Schwein«, sagte Amelie. Dann schlug sie ihm mit voller Kraft ins Gesicht. »Hast mich betrogen und belogen. Über deine zahlreichen Affären mag ich gar nicht sprechen. Du hast dich sterilisieren lassen, nicht nur mich in dem Glauben gelassen, dass ich es wäre, die keine Kinder bekommen könne. Was bist du nur für ein Mensch?«

»Ein Arsch, ja, das meine ich auch.« Elisabeth war ins Zimmer getreten. »Jetzt wirst du für dein Verhalten bezahlen, Männchen.«

»Du bist an die falschen Frauen geraten, Männchen. Wir lassen es uns nicht gefallen, was du getan hast.« Brigitte sah ihm fest in die Augen.

»Tja, Männchen«, Teresa hatte sich ebenfalls vor ihm aufgebaut. »Du hast uns alle angelogen, missachtet, misshandelt und uns finanziell über den Tisch gezogen. So geht man nicht mit Frauen um.«

Speichel lief aus Werners Mund. Er atmete schwer, hielt sich die Hand auf den Bauch, schüttelte sich in Krämpfen. Seine Augen traten fast aus den Höhlen, als er seine vier Exfrauen sah, die mit verschränkten Armen vor ihm standen.

»Sei ein tapferes Schneiderlein«, meinte Elisabeth, »mach deinem Namen Ehre. Wir leben in der Stadt der Gebrüder Grimm und ihrer Märchen.«

»Weißt du?«, warf Elisabeth ein, »die Märchenfigur von den Gebrüdern Grimm war schlau, du aber hast dich hereinlegen lassen. Bald ist es mit dir vorbei.«

»Tja, wenn man Hundspetersilie von normaler Petersilie nicht unterscheiden kann, noch dazu, wo Petersilie in Weckewerk überhaupt nichts zu suchen hat«, sagte Brigitte süffisant, »dann … «, sie macht eine eindeutige Bewegung in Richtung ihres Halses.

»Wir haben da etwas aufgesetzt. Nur eine Kleinigkeit.« Teresa hielt Werner einen Zettel vor die Nase. Wenn du unterschreibst, wird alles gut. Ein bisschen mehr Unterhalt für uns – mehr möchten wir doch gar nicht.«

Als Werner Schneider den Stift ansetzte, lächelte Teresa.

»Was meint ihr, Mädels, wollen wir jetzt den Rettungsdienst rufen?«

Weckewerk mit Pellkartoffeln

Weckewerk gehörte früher zu jedem Schlachtfest. Denn in diesem Gericht konnten alle Reste verwurstet werden. Weckewerk schmeckt besonders gut zu Pellkartoffeln und sauren Gurken.

Zutaten:
1 Zwiebel
1 Knoblauchzehe
250 g Schweinefleisch (Kopf, Schulter, Kamm)
200 g Schwarten
250 g magerer Schweinebauch
2 Brötchen
Salz, Pfeffer
gemahlene Nelken
gemahlener Muskat
getrockneter Majoran
eventuell gemahlener Kümmel

Zubereitung:
Schweinefleisch und Schwarten in gewürztem Wasser garkochen und dann zusammen mit der Zwiebel, mit Knoblauch und dem rohen Schweinebauch durch den Fleischwolf drehen. Das Ganze in einen Bräter oder Bratentopf geben und bei mittlerer Hitze anbraten. Dabei sehr oft rühren. Die Brötchen klein schneiden, etwas Kochsud darüberschütten, sie dann zum Fleisch geben und würzen. Das Weckewerk weiter unter ständigem Rühren anbraten, bis es eine homogene Masse gibt. Dabei eventuell noch etwas Kochsud zugeben. Der Bräunungsgrad beim Weckewerk ist Geschmacksache. Manche mögen es recht stark angebraten.

Wenn beim Anbraten zu viel Fett aus dem Weckewerk tritt, kann man dieses mit einer kleinen Schöpfkelle einfach abschöpfen. So ist es dann keine allzu fette Angelegenheit!

Weckewerk kann man auch in einen Wurstdarm oder in eine Kastenform füllen und dann erkalten lassen. In Scheiben geschnitten wird das Weckewerk dann in der Pfanne angebraten. Dazu gibt es Pellkartoffeln und Gewürzgurken.

INGRID WERNER

Versoffene Jungfer

(Wiesbaden)

Er schlief. Das fahle Licht des Novembernachmittags fiel auf sein Gesicht und verstärkte die dunklen Augenringe. Von einer Infusionsflasche führte ein Schlauch zu seinem Handgelenk.

Behutsam rückte eine Frau den Besucherstuhl an das Bett und ließ sich nieder.

Ein Mann ging weiter zum Fenster, lehnte sich ans Fensterbrett und verschränkte die Arme. »Manu, fang an«, knurrte er, »ich hab's eilig.«

Die Frau beugte sich nach vorn und berührte mit den Fingerspitzen die Hand des Schlafenden. »Herr Böhme, hören Sie mich?«

Langsam kam Leben in den jungen Mann. Er schluckte und zog seine Mundwinkel nach unten. Blinzelnd öffnete er die Augen. Sein Blick wanderte zu der Frau und nahm einen erstaunten Ausdruck an.

»Herr Böhme«, sie lächelte, »ich bin Kommissarin Manuela Schuster, Kriminalpolizei, und das ist mein Kollege Hauptkommissar Pohl.« Sie ließ dem Patienten ein paar Sekunden Zeit, das Gesagte zu verarbeiten. »Ich muss Ihnen leider mitteilen, dass Ihre Tante, Frau Dorothea Meyer, tot in ihrer Wohnung in der Nerostraße aufgefunden wurde. Mein Beileid.«

Seine langen schmalen Finger, die auf der Bettdecke gelegen hatten, verkrampften sich.

»Das habe ich befürchtet«, sagte Tobias leise und schloss erneut die Augen. Eine Träne kroch aus seinem Augenwinkel.

Die Kommissarin gewährte ihm einen Moment der stillen Trauer. Sie holte ihren Notizblock hervor und warf einen Blick auf die erste Seite. »Herr Böhme, Sie haben bei der Polizei angerufen und verdächtigen Lärm aus der Wohnung Ihrer Tante gemeldet.«

»Ja, ganz recht.« Er fuhr sich über sein Gesicht. Dann drückte er auf einen Bedienungsknopf des Bettes und wurde automatisch in eine aufrechte Position gebracht. »Dore wohnt genau unter mir. In der Bell'Etage.« Seine Stimme versagte. Er holte mühsam Luft, räusperte sich, hustete hinter vorgehaltener Hand. Dann setzte er nochmals an. »Wohnte, ja, *wohnte* muss ich jetzt wohl sagen.« Er starrte auf die weiße Wand des Krankenhauszimmers, schüttelte sich, wie um sich selbst aus einem Traum zu erwecken, fuhr dann fort: »Es war vielleicht halb eins, mir ging es nicht gut, ich hatte mich hingelegt, da hörte ich plötzlich Gepolter. Zuerst war mir nicht bewusst, woher der Lärm kam, ich war schon etwas benommen. Aber dann, der spitze Schrei, da war mir klar, dass es nur meine Tante sein konnte.«

Seine Finger zerknüllten die Bettdecke.

»Ich griff nach meinem Telefon und rief die Polizei. Anschließend stand ich auf und eilte zur Tür, aber mir wurde so schwindlig, dass ich mich dort auf der Stelle hinlegen musste. Es war entsetzlich!«, rief er. »Da lag ich und konnte ihr nicht helfen! Musste mit anhören, wie unten noch eine Weile geraschelt wurde, dann die Wohnungstür ins Schloss fiel und jemand die Holztreppe hinunterlief. Ich war so außer mir, dass ich ohnmächtig wurde.« Mit einem Seufzer sackte Tobias zusammen. Die Erinnerung schien ihn jeder Energie beraubt zu haben.

»Bei der Notrufleitstelle ist vermerkt, dass Sie um 12.33 Uhr die verdächtigen Geräusche gemeldet haben.«

Tobias nickte.

»Knapp eine Viertelstunde früher, um 12.20 Uhr, hatten Sie für sich um einen Notarzt gebeten.«

Der junge Mann richtete sich auf und blickte der Kommissarin direkt in die Augen. »Ja. Ich bin Diabetiker. Typ 1. Eigentlich bin ich exakt eingestellt. Trotzdem entgleist manchmal mein Zucker. Dann werde ich benommen und im Extremfall verliere ich das Bewusstsein.« Tobias ließ den Kopf auf das Kissen zurückfallen. »Und es passiert immer zur unrechten Zeit. So wie heute. Wenn ich doch nur fit gewesen wäre! Dann hätte ich Tantchen zu Hilfe kommen können. Hätte den Einbrecher verjagt. Aber so!« Mit einem gequälten Ausdruck hielt er inne.

»Manchmal türmen sich ungünstige Umstände zu einem Unglück auf und es liegt nicht in unserer Macht, daran etwas zu ändern.« Die Sätze hatte Manuela Schuster einmal in einem Buch gelesen und verwendete sie seither gerne für diese Situationen. Für sie waren diese Worte der Inbegriff von Trost.

Hauptkommissar Pohl dagegen konnte sie nicht mehr hören. Er wollte Tatsachen. »Hatte Ihre Tante noch andere Verwandte?«

»Nein, wir hatten nur noch uns. Meine Eltern starben, als ich vierzehn war, seither, also seit zehn Jahren, lebe ich bei Dore. Erst bei ihr in der Wohnung, später bin ich in das Stockwerk über ihr gezogen.«

»Das Mietshaus in der Nerostraße gehörte Ihrer Tante?«

»Ja. Und noch einige andere in Wiesbaden dazu. Sie war eine reiche Frau, Herr Kommissar.«

»Sind Sie der Erbe?«

»Ich nehme es an.« Tobias stützte sich mit den Händen ab und setzte sich gerade hin. »Ich habe sie nicht umgebracht. Ich hatte keinen Grund dazu. Sie war wie eine Mutter für mich. Sie hat mich gehegt und gepflegt und bekocht.« Seine Wangen röteten sich. »Am liebsten machte sie Mehlspeisen. Mit viel Eier und Zucker. Jeden Montag gab es versoffene Jungfern. Das war ihre Leibspeise.« Tobias' Stimme bekam einen rauen Unterton. »Sie meinte immer, sie sei selbst eine versoffene Jungfer, einsam und allein, versoffen im See der Traurigkeit. Aber als ich in ihr Leben getreten bin, tauchte sie wieder auf.« Er wischte sich erneut über die Augen. »Ich habe sie geliebt, Herr Kommissar. Sie müssen mir glauben! Und ich wäre gar nicht in der Lage gewesen, sie ...« Er verstummte und verbarg das Gesicht in den Händen. Leise Schluchzer ließen seine schmalen Schultern erzittern.

Kommissarin Schuster griff ein. »Es ist nur eine Routinebefragung, Herr Böhme, machen Sie sich keine Gedanken.«

Die Tür öffnete sich und eine Krankenschwester kam mit einer neuen Infusionsflasche herein. Resolut drückte sie sich an den Polizeibeamten vorbei und begann, die Flaschen auszuwechseln. »Sie müssen jetzt gehen. Der Patient braucht Ruhe.« Die klassischen Worte.

Die Kommissare verabschiedeten sich.

Tobias lehnte sich zurück und überließ sich den routinierten Händen der Schwester. Versoffene Jungfern – wie er die gehasst hatte! Dieses süße Giftzeug! Aber von nun an musste er sich nie mehr damit abmühen. Nein, die war er los. Ein zufriedenes Lächeln erschien auf seinem Antlitz. Er hatte seine Sache gut gemacht. Die Glucoselösung tröpfelte in seine Adern und neutralisierte das Übermaß an Insulin. Schließlich hatte er sich die dreifache Menge gespritzt. Auf nüchternen Magen. Es war ein wenig riskant gewesen, das musste er zugeben. Aber es stand ja auch viel auf dem Spiel. Und mit Risiko im Spiel kannte er sich aus. Nicht wahr? Regelmäßige Spielbankbesuche waren nichts für schwache Nerven. Ja, er hatte etwas übertrieben in letzter Zeit. Sein Konto war bis zum Limit überzogen. Er hatte sogar begonnen, heimlich den Schmuck von Dore zu versetzen. Aber damit war jetzt

Schluss. Er hatte sich mit einem Schlag, in der Tat mit einem einzigen Schlag, vom Gängelband seiner Tante befreit und den Weg zu schier unerschöpflichem Reichtum geebnet. Er würde ein Mietshaus verkaufen, seine Schulden bezahlen und reisen.

Nein, er hatte kein schlechtes Gewissen. Warum auch? Geschah der alten Schabracke ganz recht. Wieso musste sie sich dauernd in seine Angelegenheiten mischen? Tobias, such dir eine Arbeit! Tobias, wo gehst du hin? Schon wieder ins Casino? Ich werde dich sperren lassen. Tobias, die Bank hat mich angerufen. Tobias, wo ist die Schatulle mit dem Schmuck? Es war nicht mehr auszuhalten gewesen!

Aber dann hatte er diesen wunderbaren Plan. Weshalb nicht seine vermaledeite Krankheit zu seinem Vorteil nutzen? Er war in seinem Leben schon oft genug in den Unterzucker gekommen. Meistens bemerkte er es rechtzeitig und konnte mit Apfelsaft oder Traubenzucker dagegensteuern. In wenigen Ausnahmefällen jedoch gelang dies nicht. Bei dem Brechdurchfall vor einigen Wochen zum Beispiel. Der war kurz nach seiner Insulingabe aufgetreten und es war Tobias unmöglich gewesen, irgendetwas bei sich zu behalten. Seine schmale Statur konnte nichts kompensieren, schnell wurde ihm schummrig. Er war gerade noch fähig, den Notarzt zu rufen und die Wohnungstür zu öffnen. Dann brach er zusammen.

Das war ein schockierendes Erlebnis. Aber – wie sagte Tante Dore immer so schön – in allem steckte auch etwas Gutes. Und so zog er aus dem Schock die Inspiration.

Heute am zweiten November war es so weit gewesen. Allerseelen. Herbstferien. Niemand im Haus. Oder besser gesagt, fast niemand. Nur die alte Frau Erle aus dem Souterrain, deren Mann früher beim Bundeskriminalamt gearbeitet hatte. Ein arroganter Kerl mit stechendem Blick.

Tobias konnte sich noch gut an ihn erinnern. Aber er lebte schon lange nicht mehr. Und seine Frau war harmlos. Fast taub und zudem legte sie sich in der Mittagszeit für ein Schläfchen aufs Sofa. Sie würde nichts merken.

So blieb nur noch die Becker aus dem dritten Stock. *Mobbelpobbel*, wie er sie bei sich nannte. Die hatte bestimmt noch nie einen Kerl abgekriegt und Tobias scheute sie wie der Teufel das Weihwasser. Sie war dicklich und schwitzte leicht. Leider himmelte sie ihn an. Lud ihn zum Kaffeetrinken ein. Erzählte ihm bei jeder Gelegenheit, was sie dachte und machte. Ätzend. Aber um die musste er sich auch nicht kümmern. Sie hatte ihm oft genug berichtet, dass sie jeden Mittag ins *Bobbeschänkelche* in der Röderstraße ging. Manchmal fuhr sie danach auch mit der Bahn auf den Neroberg. Sie wollte immer, dass er sie begleitete. Ha! Nie im Leben.

Hinter dem Vorhang versteckt, hatte er Mobbelpobbels Weggang beobachtet. Es konnte losgehen! Er spritzte sich eine Megaladung Insulin, zog die Handschuhe an und nahm einen Schraubenzieher. Eilig schlich er hinunter zu seiner Tante und hebelte deren Tür auf. Das Knirschen des Holzes alarmierte sie. Dore lief mit einem Ei in der Hand aus der Küche in den Gang. Sie machte ihre versoffenen Jungfern, es war Montag.

Dore sah ihn überrascht an und öffnete den Mund. Aber bevor sie etwas sagen konnte, griff Tobias den schweren Kerzenständer von der Kommode und holte aus. Das Ding sauste auf ihren Kopf. Sie schrie und fiel wie ein Mehlsack um. Aus der klaffenden Wunde an der Schläfe blubberte Blut. Tobias kniete sich nieder und fühlte ihren Puls. Sehr schwach. Gut. Geschwind stand er wieder auf, lief ins Wohnzimmer, riss einige Schranktüren auf und wühlte ihre Sachen durch. Es sollte schließlich nach Raub aussehen. Später würde er die Schmuckschatulle als fehlend angeben. Sehr praktisch. Sein Blick fiel auf die Nachbildung der *weltgrößten* Kuckucksuhr, die über ihm an der Wand hing. Ein hässliches Ding mit einem röhrenden Hirschen, einem toten Hasen und einem erlegten Fasan. Igitt! Das hatte er noch nie leiden können. Mit Genugtuung schmiss er die Uhr auf den Boden und trat dem Hirschen den Kopf ab. Zurück im Flur steckte er das Bargeld aus Dores Handtasche ein. Ein kurzer Blick auf die Tante. Sie regte sich nicht. Einen Pulsschlag konnte er jetzt nicht mehr spüren. Erledigt.

Oben in seiner Wohnung holte er ein paar Mal tief Luft. Ihm war schwindlig. So ein Mord ging doch nicht spurlos an einem vorüber. Noch dazu mit der Überdosis Insulin. Brechreiz stieg seine Kehle empor. Er rannte ins Bad und würgte lautstark, aber wirkungslos. Schließlich hatte er nichts im Magen. Nachdem er sich etwas beruhigt hatte, rief er den Notarzt. Für sich.

In spätestens fünfzehn Minuten sollte der Rettungswagen hier sein. Also mühte er sich Kniebeugen ab und hyperventilierte. Dann rief er die Polizei. Noch ein paar Drehungen. Er fühlte sein Bewusstsein bereits schwinden. Mit letzter Kraft öffnete er die Tür für die Sanitäter und legte sich dahinter zurecht. *Just in time* ereilte ihn die Ohnmacht.

* * *

Am nächsten Tag war er wieder aus dem St.-Josefs-Hospital zurück. Er überdachte seine Aussage, als es an der Tür klingelte. Tobias sah durch den Spion. Oh nein, die Becker! Die hatte ihm gerade noch gefehlt. Schon drückte sie erneut auf den Klingelknopf. Die ließ sich nicht abwimmeln, das wusste er aus Erfahrung. Was wollte die Schlampe von ihm? Ärgerlich öffnete er.

»Hallo Tobias. Mein Beileid.« Annika Becker strich sich mit dicken Fingern die Ponyfransen zur Seite. Fettpolster quetschten sich über den zu engen Rock und bildeten eine geeignete Ablage für ihren üppigen Busen. Etwas wackelig stand sie auf zu hohen Absätzen vor ihm und verbarg nicht sehr geschickt eine Plastiktüte hinter ihrem Rücken.

»Ich hoffe, Frau Dore musste nicht leiden. Erschlagen ist sie worden, nicht? Um zwölf Uhr mittags. Aber das kann in der Stadt ja immer passieren. Die ganzen Junkies, die Geld brauchen. Oder ... «, hier machte sie eine kleine Pause und zwinkerte ihm zu, »die Spieler.« Sie kicherte. Mit vorgestrecktem Kopf trat sie einen Schritt näher. Tobias wich zurück, er konnte ihren alkoholgeschwängerten Atem riechen.

»Weißt«, fuhr sie fort, »ich hab gestern mein Portemonnaie vergessen und bin noch mal heim. Ich lass so ungern anschreiben. Wie ich dann an Dores Wohnungstür vorbeikomm, da hab ich so seltsame Geräusche gehört. Ganz seltsame. Ich bin ja nicht neugierig, aber man weiß ja nie, ob nicht einer einbricht. Da hab ich durch den Türspalt geguckt. Weißt? Da hab ich dich gesehen, *DU* hast mich nicht gesehen, du warst beschäftigt. Sehr beschäftigt, nicht?« Kokett strich sie ihm über die bleiche Wange. Dann schlängelte sie sich an ihm vorbei und steuerte zielstrebig auf sein Wohnzimmer zu.

»Komm. Ich hab was zum Feiern dabei und die da.« Sie zog einige bunte Kataloge nebst einer Flasche Sekt der ortsansässigen Kellerei aus ihrer Tasche. »Erst trinken wir einen und dann fahren wir weg, Schnuggelsche, wir zwei beide ganz allein.«

Versoffene Jungfer

Aus viel schaumigem Eiweiß, Puderzucker und Eiern besteht dieses schmackhafte Odenwälder Gericht aus dem 19. Jahrhundert. Dabei versaufen die in Milch gegarten Eiweiß-Nocken geradezu in cremiger Vanille- oder Weinsoße und geben dem Gericht auf eindrucksvolle Weise seinen Namen.

Zutaten:
6 Eier
100 g Puderzucker
1 l Milch
steif geschlagener Schnee von 6 Eiern
3 EL Zucker
1 Päckchen Vanillezucker
1 Päckchen Vanillepudding

Zubereitung:
Eier trennen, Eiweiß schaumig schlagen, den Puderzucker dazugeben und alles nochmals gut verrühren. In einer flachen Kasserolle die Milch mit dem Vanillezucker erhitzen. Achtung: Die Milch darf nur köcheln, nicht kochen! Mit einem Esslöffel von der Eiweißmasse Nocken in die köchelnde Milch geben. Die Nocken zugedeckt ca. 4 Minuten ziehen lassen, dann wenden und nochmals 4 Minuten ziehen lassen. Anschließend die Nocken mit einem Schaumlöffel auf ein Sieb setzen.

Die zurückgebliebene Milch auf ca. 1 Liter ergänzen und mit den Eidottern, 3 EL Zucker und einem Päckchen Vanillepudding aufkochen. Dabei beachten, dass kein steifer Pudding entsteht soll, sondern eine Creme! Je nachdem kann man die Menge der Milch bzw. die der Eidotter einteilen. Die Creme in eine flache Schüssel geben, die Nocken obenauf setzen.

SABINE FINK

Die Augenzeugin

(Neu-Isenburg)

Die große Platzwunde auf Lillys Stirn ist wie ein blutroter Farbklecks in einem Schwarzweiß-Gemälde. Zusammen mit der verlaufenen Wimperntusche bildet der dunkle Lidschatten lange Schlieren auf den bleichen Wangen. Auf ihrem Kinn vermischt sich beides mit dem Rot, das aus den Mundwinkeln gelaufen ist.

»Mach dir mal keinen Kopf«, sage ich.

Lilly reibt sich mit dem Handrücken über die Stirn, dabei verrutscht die künstliche Wunde aus Silikon, die jetzt wirkt, als hätte ihr ein wildes Tier mit spitzen Klauen den Kopf aufgerissen. In ihrem Vampirkostüm sieht sie jetzt eher aus wie eine Untote.

»Es war eine Scheißidee.« Sie hickst, weil sie den Schluchzer krampfhaft zu unterdrücken versucht. »Das war meine Schuld, Julia!«

»Ist bestimmt alles ok.« Selbst in meinen Ohren klingt es lahm.

Nebeneinander sitzen wir auf den unbequemen Stühlen der Notaufnahme. Außer uns sind nur noch die beiden Polizisten da, die gesagt haben, dass wir hier richtig sind. Sie warten auch. Für einen Lumpenmontag ist wenig zu tun, doch es ist erst später Vormittag und der Fastnachtsumzug durch die Neu-Isenburger Innenstadt hat noch nicht mal begonnen.

Ein Arzt betritt den Flur und geht hinüber zu den Polizisten. Seinem Gesicht nach zu urteilen hat er keine guten Nachrichten, daher mache ich Lilly, die inzwischen wieder teilnahmslos auf ihre Hände starrt, nicht auf ihn aufmerksam. Die drei reden miteinander und der Arzt reicht dem Polizisten eine kleine Plastiktüte, in der sich etwas befindet, das wie ein Tablettenblister aussieht. Seine Kollegin kratzt sich am Kopf und sieht in unsere Richtung. Die drei setzen sich in Bewegung. Erst als sie vor uns stehen, sieht Lilly auf.

»Es tut mir leid, die Ärzte konnten nichts mehr für ihn tun«, sagt die Polizistin.

Lilly atmet tief ein. Dann wieder aus. »Oh Gott! Er ist tot ...« Sie birgt ihr Gesicht an meiner Schulter. Ganz automatisch umarme ich sie fest, während Schluchzer sie schütteln.

Ich sehe die Polizistin an. »Was hatte er eigentlich?«

Sie zögert. »Sind Sie mit ihm verwandt?«

»Wir wissen nicht mal, wie er heißt.«

Die Polizistin sieht auf Lilly, die sich immer weiter in Tränen auflöst. »Ich darf Ihnen leider keine Auskunft geben.«

Ich tätschle meiner Freundin den Rücken. »Sie gibt sich die Schuld«, sehe ich mich bemüßigt zu erklären.

Die Polizisten und der Arzt tauschen einen Blick.

»Können Sie uns das näher erklären?«, fragt der Polizist.

»Klar«, sage ich und beginne zu erzählen.

Lilly und ich kennen uns seit dem Kindergarten. Vor zwei Jahren tauschte sie der Liebe wegen das Rheinland gegen Neu-Isenburg und bewarb sich bei einer dieser Großbanken in Frankfurt. Nachdem sich ihre Liebe jedoch in Wohlgefallen aufgelöst hatte, beschloss sie, wieder in ihre alte Heimat Düsseldorf zurückzukehren. Vorher überredete sie mich, wenigstens einmal mit ihr zusammen Fastnacht zu feiern. Obwohl am Rhein aufgewachsen, bin ich ein Karnevalsmuffel und ziehe es vor, zwischen Weiberfastnacht und Aschermittwoch die Flucht aus dem Rheinland zu ergreifen. Diesmal reiste ich also mitten hinein in die hessische Fastnacht. Am Lumpenmontag schlossen wir uns den Neu-Isenburger Hexen und Lumpen an, die morgens ab halb sieben mit lauten Rufen vom Wilhelmsplatz aus durch den Alten Ort ziehen. In aller Herrgottsfrühe verwandelte Lilly uns also mit viel Liebe zum Detail in Vampirinnen. Lilly mag lieber Vampire als Hexen, und Verkleidung ist Verkleidung behauptet sie. Mir war es gleich.

Während wir durch die Straßen zogen, deutete ich auf ein paar Hexen und Lumpen, die laut sangen und Trommeln schlugen. »Bei dem Lärm kann hier in der Stadt garantiert niemand mehr schlafen.«

»Schlafen? Ab Aschermittwoch wieder!« Lilly biss ein Stück vom Weingummi-Augapfel ab. »Auch was? Ich hab noch Spinnen und Kellerasseln, falls du die lieber magst.«

»Danke, nein. Wie kannst du nur morgens früh schon so ein Zeugs essen?«

»Ganz einfach. Mund auf und zubeißen!« Die täuschend echt aussehenden Vampirzähne aus Fruchtgummi mischten sich mit der roten Farbe einer Kapsel Kunstblut und bildeten einen unappetitlichen Brei, den sie sich gekonnt über das Kinn laufen ließ.

»Igitt, das ist eklig.«

»Quatsch, ich bin ein Vampir … uaaaaaaarrrrgh.«

Zwei Lumpen sprangen in gespieltem Erschrecken beiseite. Wir kicherten albern.

»Helau!«, rief ich, weil gerade von irgendwoher ein Konfettiregen auf uns alle niederging.

Der Lumpen mit dem schwarzen Schlapphut legte einen Arm um Lilly. »Süße Vampirbraut, wie wär's mit uns beiden?«

Lilly verzog leicht das Gesicht. Seiner Gesichtsfarbe nach zu urteilen war der Mann schon jetzt nicht mehr nüchtern – oder vielleicht auch noch nicht wieder.

»Nein, danke.«

»Bist du müde? Ich mach dich wach!« Mit seinen Hüften machte Schlapphut eindeutige Bewegungen.

»Kein Bedarf!« Freundlich, aber sehr bestimmt löste sich Lilly.

Wiehernd vor Lachen schlug sein Freund Schlapphut auf die Schulter. »Komm schon, du hast schon genug bewiesen, was für ein Kerl du bist.«

Schlapphut verzog das Gesicht und rieb sich die Brust. »Heute brech' ich meinen Rekord.«

Bevor er uns erklären konnte, welchen, tauchten Lilly und ich schnell in der Menge unter. Leider begegneten wir Schlapphut und seinem Freund noch häufiger und jedes Mal wurden seine Bemerkungen anzüglicher. Erst als wir uns mit dem Linsensuppenmarschall um Viertel nach zehn vor der Hugenottenhalle dem Umzug zum traditionellen Linsensuppenanstich anschlossen, hatten wir ihn wohl endgültig abgeschüttelt. Zur Guggemusik von den Flegga Zoddler kauften wir uns einen Pappbecher mit Brötchen und Löffel und stellten uns in die ewig lange Schlange.

»Das ist fast wie im Krieg«, befand ich, nachdem wir endlich Linsensuppe ergattert hatten.

»Ist ja auch umsonst«, erwiderte Lilly. »Hmm, die ist so lecker! Das haben die Linsenmäusje wieder gut hinbekommen.« Selig grinsend tunkte Lilly ihr Brötchen hinein.

»Wie bei Mama«, stimmte ich zu. »Oh nein, schau mal, nicht schon wieder!«

Diesmal war es nur Schlapphut, der bei unserem Anblick erfreut auf uns zusteuerte. Ich wollte mich gleich wieder verdrücken, doch diesmal hielt Lilly mich zurück.

»Warte, ich hab eine Idee. Lenk ihn ab.«

»Okay«, sagte ich gedehnt.

»Wen haben wir denn da?«, fragte Schlapphut. »Dich nehm' ich auch, meine Süße.«

Ich musste mich beherrschen, um ihm nicht irgendwo hinzutreten, wo es richtig weh tat. Es wurden zwei lange Minuten, in denen ich damit beschäftigt war, Schlapphut davon abzuhalten, mich abzuknutschen. Gefühlte hundert Mal versicherte ich, dass ich nicht an einer näheren Bekanntschaft interessiert sei. Dann war Lilly wieder da.

Sie hakte sich bei Schlapphut unter. »Ja, hallo. Wir dachten schon, du wärst nach Hause gegangen.«

»Ich? Da kennst du mich aber schlecht«, prahlte er. Sein Grinsen war angestrengter als vorhin. Er wirkte blasser. »Jetzt geht's erst los.« Er streckte die Zunge raus und wackelte damit.

»Da brauchst du vorher aber eine Stärkung, wenn du es mit uns beiden aufnehmen willst.« Lilly drückte ihm einen Plastikbecher halb voll Suppe in die Hand. Der Rest ihrer eigenen wahrscheinlich.

Schlapphut grinste. »Euch zwei schaffe ich auch noch.« Er nahm einen Löffel voll Suppe, erstarrte und keuchte erschrocken. Ein blutiger Augapfel lag auf dem Löffel.

Lilly neben mir grinste diabolisch. »Ups«, sagte sie nur.

Plötzlich verlor Schlapphut alle Farbe. Er stöhnte, der Plastikbecher fiel auf den Boden, Weingummi-Augapfel, Vampirzähne, eine Spinne, zwei Kellerasseln und Kunstblut vermischten sich auf dem Straßenpflaster zu einer unansehnlichen Masse. Schlapphut griff sich an die Brust und ging langsam zu Boden.

»Hilfe ...«, stammelte er.

Lilly und ich standen daneben, unfähig etwas anderes zu tun, als ihn anzustarren.

»Wir sind hergekommen, weil wir uns bei ihm entschuldigen wollten«, sage ich. »Aber das geht ja jetzt nicht mehr.« Ich seufze.

Die beiden Polizisten und der Arzt tauschen wieder einen Blick. Die Polizistin zuckt mit den Schultern.

»Sie müssen sich wirklich keine Vorwürfe machen«, sagt der Arzt.

»Sie haben gut reden«, antwortet Lilly. »Wenn ich ihn nicht so erschreckt hätte, dann würde er bestimmt noch leben!«

Ich reiche ihr ein neues Taschentuch, mit dem sie sich laut die Nase putzt. Sie wischt sich über die Augen. Es hinterlässt helle Streifen in ihrem verwüsteten Gesicht.

»Möglicherweise nicht. Und es hätte schlimmer sein können«, sagt der Arzt. »Glauben Sie mir.«

»Was ist denn schlimmer als sterben?«

»Nicht schlimmer für ihn. Aber wenn man nicht nur Augenzeugin ist, sondern anders … beteiligt.«

»Ich fand das schlimm genug, ehrlich!« Lilly schüttelt sich.

»Hm«, macht der Arzt und spitzt die Lippen. »Es gibt viele Ursachen, die zu einem Herzinfarkt führen.«

»Ja und?«, brummt Lilly.

»Wussten Sie, dass die Überdosierung von gewissen Medikamenten einen Herzinfarkt sogar auslösen kann?« Er sieht zu dem Plastiktütchen mit dem leeren Blister, das immer noch in der Hand des Polizisten baumelt. Lilly und ich folgen seinem Blick. Ich entziffere VIA…

Geräuschvoll schließt Lilly ihren Mund. »Wollen Sie etwa sagen, der Typ hat zu viel Viagra geschluckt und deswegen einen Herzinfarkt gehabt?«

Abwehrend hebt der Arzt die Hände. »Ich behaupte gar nichts. Aber stellen Sie sich vor, wenn so ein Herzinfarkt während … Sie wissen schon … ich glaube, *das* wäre noch schlimmer für die betreffende Dame geworden.« Er nickt uns zu. »Einen schönen Tag noch.«

Linseneintopf

Zutaten:
500 g Rindfleisch mit Knochen
Suppengrün
250 g Linsen (über Nacht einweichen)
4 Möhren
1 Stange Porree
2 Zwiebeln
2 EL Pflanzenöl
5 Kartoffeln
Salz, Pfeffer, Petersilie

Zubereitung:
Fleischbrühe: Das Fleisch gut abwaschen, zusammen mit dem Suppengrün und 2 Litern Wasser zum Kochen bringen. Den aufsteigenden Schaum mit einer Schaumkelle abheben, damit die Brühe nicht trüb wird. Bei geringer Hitze 2 bis 3 Stunden köcheln lassen.
Zwiebeln und Gemüse klein schneiden und in etwas Öl anbraten.
20 Minuten vor Ende der Garzeit Linsen, angebratenes Gemüse und geschälte, klein geschnittene Kartoffeln zu der Fleischbrühe hinzufügen. Suppenfleisch und Knochen herausnehmen.
Die Suppe mit Salz und Pfeffer kräftig würzen und mit gehackter Petersilie bestreuen.

Variation: Durchwachsenen Speck oder geräucherte Schinkenreste mitgaren lassen.

Für Vegetarier: Gemüsebrühe anstatt Fleischbrühe verwenden.

ANNE GRIESSER

High Noon

(Seligenstadt)

Gnadenlos brannte die Sonne von einem wolkenlosen Himmel, der weder blau noch klar war, sondern weißgrau und verwaschen. Kondensstreifen verfärbten ihn und teilten ihn in merkwürdig unregelmäßige, geometrische Flächen auf. Die Luft flirrte am Horizont; verschwommen wie eine Fata Morgana ließ sich in jener unwirklichen Ferne ein Kirchturm erahnen.

Gelegentlich jagte ein erlösender Windhauch über die Straße, verfing sich in den bräunlichen Maisfeldern am Wegesrand, ließ die welken Blätter knistern und verursachte hier und dort einen kleinen Tornado, einen Miniatur-Wirbelsturm, der sich durch den Staub drehte, aufbäumte, einen kurzen Tanz vollführte und sofort wieder erschöpft zusammenbrach.

Der Einsame beachtete nicht die Natur, nicht die Landschaft. Auch nicht die Autos, die von Zeit zu Zeit an ihm vorüberrauschten. Manche hupten, doch er trat nie zur Seite. Unbeirrt stapfte er über die staubige Landstraße, seine Stiefel trommelten eine Melodie auf den Asphalt und sangen ihr ureigenes Lied. Wenn der Wind ihn erfasste, blähte sich der helle Mantel des Reisenden wie ein Ballon, um kurz darauf kraftlos in sich zusammenzufallen.

Die Rechte des Einsamen umklammerte in der Manteltasche zärtlich das Schießeisen. Es wog leicht in seiner Hand. Immer wieder streichelten seine Finger den Lauf.

Sie waren einander ähnlich, der Einsame und sein Colt, beide Relikte aus einer vergangenen Zeit, fern der Gegenwart und doch da – immer noch da.

Drei Kugeln steckten im Magazin.

Am späten Nachmittag gesellte sich ein Wanderer zu dem Mann. Ungefragt passte er sich seinem Tempo an und lief eine Zeit lang schweigend neben ihm her.

»Sie sehen aus, als könnten Sie ein bisschen Gesellschaft vertragen!«

Der Einsame spuckte in den staubigen Straßengraben und beschleunigte den Schritt.

»Sind Sie auch unterwegs auf den Spuren des Seligenstädter Geleits?«

Das anhaltende Schweigen des Mannes schien den Wanderer zu beflügeln. »Ich liebe alte Geschichten! Wissen Sie, ich bin Lehrer. Ich finde es faszinierend, in vergangene Zeiten abzutauchen. Wenn die Kaufleute aus Augsburg und Nürnberg im Mittelalter zu den Frankfurter Märkten zogen, waren die Landesherren verpflichtet, ihnen Geleitschutz auf dem gefährlichen Weg zu gewähren. In Seligenstadt wurden die Truppen gewechselt – die Mainzer hatten ihre Pflicht getan und die Frankfurter lösten sie ab. Sehen wir uns zum Geleitsfest in Seligenstadt?«

Der Einsame warf ihm einen langen Blick aus stahlblauen Augen zu. Trotz der Hitze fröstelte es den Wanderer und er verstummte. Am Eingang zu einer kleinen Ortschaft trennten sie sich wortlos. Unerbittlich umklammerte der Einsame seinen Schießprügel. Er war weder Kaufmann noch Lehrer. Sein Geleit trug er in der Manteltasche.

In einem kleinen, heruntergekommenen Dorfgasthaus nahm er sein Abendbrot ein. Er bestellte *Himmel und Erd* und ließ sich einen Krug Bier dazu reichen, den er in einem Zug leerte. Im Essen stocherte er lange und lustlos herum. Die Äpfel waren das beste daran, sie verströmten ein süß-säuerliches Aroma. Aber die Kartoffeln waren zerkocht und die Blutwurst zu salzig, alles in allem ein miserables Essen, von dem er nur drei oder vier Bissen herunterbrachte, um es dann angewidert von sich zu schieben.

»Hat's g'schmeggd?«, fragte die ungepflegte Bedienung wenig sensibel, als sie den fast vollen Teller abräumte.

Zum ersten Mal sprach der Einsame, seine Stimme klang rau: »Sagen Sie der Köchin, sie hat großes Glück gehabt!« In der Manteltasche ließ seine rechte Hand den Revolver los, sie ballte sich abwechselnd zur Faust und entspannte sich wieder, die Finger dehnten sich, wurden locker.

Der Einsame zahlte, dann zog er hinaus auf die Felder vor dem Ort, um sich einen Platz für die Nacht zu suchen.

Im ersten Morgengrauen war er wach und briet sich in einem Blechnapf eine Dose Bohnen über dem Feuer, das er in einer kleinen Senke entzündet hatte. Nach fünf Löffeln stellte sich ein Sättigungsgefühl ein. Essen war zu einer lästigen Pflicht geworden – seit *sie* weg war. Die übriggebliebenen Bohnen kippte er auf den Boden, dann packte er seine Habseligkeiten in eine Fahrradsatteltasche, die er sich über die Schultern warf. Seine Rechte umklammerte sofort das Schießeisen, während die Linke über das stoppelige Kinn fuhr.

In seinem Kopf heulte Ennio Morricone. *The good, the bad & the ugly.* Er zündete sich eine Zigarette an und versuchte, die schaurige Musik zu vertreiben. Die Melodie war auf der Walz sein ständiger Begleiter geworden. Er fragte sich, wer *er* wohl war: der *Gute* nicht. Doch er vermochte nicht zu sagen, ob er der *Böse* war oder nur der *Hässliche.*

Am Morgen stellten sich stets unangenehme Gedanken ein. In der Kühle des jungen Tages ließen sie sich nicht vertreiben. Dann drängte sich *ihr* Bild auf, *ihr* leises Summen, während sie sein Frühstück bereitete, *ihr* Lächeln, wenn sie sich eine Haarsträhne aus dem schweißglänzenden Gesicht strich. Dinge, die er nie beachtet hatte, bis es zu spät dafür war.

Der Einsame erreichte die Landstraße, zögerte kurz und wandte sich dann nach Westen. Ein Weg war so gut wie der andere. Wenn das Ziel auftauchte, würde er es erkennen.

»Hallo! Haaallo! Na, so etwas! Haben Sie etwa auch im Dorfgasthaus übernachtet? Ich habe Sie gar nicht gesehen!«

Der Wanderer vom Vortag winkte mit beiden Armen. Er hielt dem Einsamen fröhlich einen Müsliriegel unter die Nase, den dieser ablehnte, indem er den Kopf abwandte und die Hand wegschob.

»Oh je«, sagte der Wanderer. »Sie sind nicht unterwegs, um das Seligenstädter Geleit zu erkunden. Sie laufen vor etwas davon, nicht wahr? Oder sind Sie auf der Suche? Wenn Sie wollen, können Sie mir ruhig alles erzählen!« Als der Einsame nicht antwortete, seufzte der Wanderer abgrundtief. »Oh je«, nickte er. »Liebeskummer. Oh je.«

Die Hand des Einsamen zuckte in der Manteltasche. Er spannte den Hahn des Revolvers. Doch dann ließ er wieder von ihm ab. Er hatte nur drei Kugeln.

Er wurde den Wanderer los, indem er einfach stehen blieb und wartete, bis der Mann im flirrenden Licht der Ferne verschwamm.

Am Abend kehrte er im einzigen Lokal eines kleinen, namenlosen Städtchens ein. Er bestellte *Himmel und Erd*, sowie einen Krug Bier, den er in einem Zug leerte.

Der erste Bissen des Essens erregte ihn. Die Blutwurst schmolz auf seiner Zunge, entfaltete einen sinnlichen Geschmack, und während er kaute und schluckte, begann der Mann zu zittern. Seine Hand fuhr in die Manteltasche, wo sie bebend den Schießprügel umklammerte. Er atmete hart und brauchte ein paar Minuten, bis er sich wieder entspannte.

Abgekühlt und ernüchtert erkannte er, dass er sich getäuscht hatte. Die Zubereitung ließ zu wünschen übrig. Der Wurst fehlte die richtige Konsistenz und die Vollendung. Ein Quäntchen eines Gewürzes, das er nicht benennen konnte. Bei den Äpfeln war die Enttäuschung am größten: zu hart, zu mehlig, zu modrig im Geschmack. Man hatte sich nicht einmal die Mühe gemacht, sie ordentlich zu schälen.

»War das Essen nicht in Ordnung?«, fragte die freundliche Bedienung besorgt, als sie den fast vollen Teller abräumte.

Ohne ein Lächeln warf der Einsame ihr einen Blick aus seinen stahlblauen Augen zu. »Sagen Sie der Köchin«, stieß er zwischen den Zähnen hervor, »sie hat großes Glück gehabt!«

Gegen Mittag des folgenden Tages holte der Wanderer ihn ein.

»Jetzt müssen wir aber einen trinken gehen!«, rief er. »Ich geb' einen aus, wie sich das gehört beim dritten Zusammentreffen. Ach, ich freue mich, Sie zu sehen! Aber nehmen Sie es mir nicht übel – Sie könnten mal eine Rasur brauchen. Und ein Bad.«

In der Nacht hatte der Einsame kaum geschlafen. Die Erinnerung an die Blutwurstscheibe, die er fast für *ihre* gehalten hätte, brannte wie Feuer auf seiner Zunge und verhinderte, dass er zur Ruhe kam. Als er schließlich doch einschlief, träumte er wirr und erwachte schweißgebadet. Hektisch tastete er nach dem Schießeisen und konnte sich erst entspannen, als er es in Händen hielt. Ennio Morricone begleitete die Szene mit seiner alles durchdringenden Melodie. Und plötzlich wusste er es: *Sie* war die Gute, *er* der Schlechte und *der Andere* war der Hässliche.

»Wissen Sie«, sagte der Wanderer. »Mir ist auch einmal die Frau davongelaufen. Ich war wochenlang völlig aus dem Ruder, nicht mehr ich selbst. Ich hätte alle erschießen können: sie, den anderen Mann und mich sowieso. Stellen Sie sich vor, ich trug sogar eine Pistole mit mir herum! Aber ich wusste zum Glück nicht, wohin sie gegangen war, wusste nur, dass sie mit einem anderen Mann auf und davon ist. Er war älter als ich und hatte eine Glatze. Sagte man mir.«

Der Einsame knurrte etwas Unverständliches zwischen den Zähnen hervor.

Der Wanderer erschrak, als er die heisere Stimme vernahm. Dann lächelte er. »Ich habe die Suche schließlich aufgegeben.«

»Unverrichteter Dinge?« Der Einsame spuckte auf die Landstraße und strich sich über das stoppelige Kinn.

»Ja. Mir wurde plötzlich klar, dass ich selbst die Schuld an allem trug. Sie war eine wunderbare Frau, wissen Sie. Hatte immer gute Laune, hat sich um alles gekümmert, auch um die kleinen Dinge, die ein Mann gar nicht wahrnimmt. Sie hielt mir den Rücken frei, bei allem, was ich tat. Man konnte ernst oder albern mit ihr sein, je nachdem, was gerade anlag. Ihr Lachen war so ansteckend wie die Masern. Anfangs hat sie viel gelacht, zum Schluss nur noch selten.«

Der Einsame schnaubte.

»Und ich?«, fuhr der Wanderer unbeirrt fort. »Ich war ein Trottel! Glauben Sie, ich hätte mich auch nur ein einziges Mal bei ihr bedankt? Hätte ihr gesagt, wie sehr ich sie liebe? Hätte sie gelobt, für das was sie tat? Nein. Ich schwieg. Nahm alles als selbstverständlich hin. War ganz auf mich konzentriert. Oh, Mann! Bis es zu spät war.«

Die Mittagshitze brannte unerträglich. Schweigend liefen die beiden Männer nebeneinander her. Die Autos, die vorbeifuhren und den Straßenstaub aufwirbelten, beachteten sie nicht. Dieses Mal war es der Wanderer, der zuerst stehen blieb.

»Ich habe heute eine neue Frau«, sagte er. »Und ich schwöre Ihnen, ich werde denselben Fehler nicht noch einmal begehen!« Dann wedelte er mit den Händen. »Gehen Sie ruhig weiter. Ich brauche jetzt eine Rast. Vielleicht sehen wir uns ja doch beim Geleitsfest. Wenn Sie nach Seligenstadt kommen, kehren Sie unbedingt in unserem Gasthof ein!« Er steckte dem Einsamen eine Karte zu. »Meine Frau kocht fantastisch. Ihr *Himmel und Erd* müssen Sie einfach probieren! Adios, mein Freund.«

Am Abend mied er das Städtchen, das vor ihm lag, und richtete sich in einem kleinen Waldstück ein Lager. Er verzichtete auf das Feuer, öffnete eine Dose Bohnen, aß drei Löffel von dem kalten Zeug, dann schmiss er die ganze Dose weg, wütend und deprimiert zugleich.

Den Rest des Abends verbrachte er damit, immer wieder die Trommel seines Revolvers zu öffnen und nachzusehen, ob noch alle drei Kugeln da waren.

Seligenstadt lag am frühen Mittag wie ausgestorben da. Es schien fast, als hole der Ort Luft, um sich für etwas Großes zu rüsten. Alles schien den Atem anzuhalten, sogar die Vögel am Himmel, als der Einsame langsam die Straße entlangging. Hier und dort bewegte sich ganz sacht ein Vorhang, als ob sich jemand dahinter verstecke. Eine schwarze Katze näherte sich dem Einsamen von links, machte einen Buckel, miaute klagend und strich zweimal um seine Beine, bevor sie in einem Gebüsch verschwand.

Das Gasthaus hatte eine schwere Holztür. Der Einsame zögerte kurz, dann stieß er sie auf und blieb breitbeinig im Eingang stehen. Seine stahlblauen Augen erforschten den Raum, bis sein Blick an der großen Wanduhr hängenblieb. Sie zeigte drei Minuten vor zwölf.

Hinter dem Tresen stand der Wanderer und polierte Gläser. »Wie schön!«, rief er. »Dass Sie uns schon so bald besuchen kommen! Setzen Sie sich, mein Freund.«

Er brachte einen Krug Bier, den der Einsame in einem Zug leerte. Kurz darauf stellte er ungefragt einen dampfenden Teller *Himmel und Erd* vor seinen Gast auf den Tisch. »Essen Sie!«, lächelte er. »Ich bin gespannt auf Ihr Urteil.«

Der Einsame erkannte *sie* auf den ersten Bissen. Die zarten, duftenden Äpfel, säuerlich und aromatisch, auf den Punkt die richtige Mürbe, sie zauberten das Bild eines Baumes vor sein Auge, eines schwer tragenden Apfelbaumes, der seine Äste in den klaren Himmel streckt. Die butterweichen, süßen Kartoffeln, zart wie ein Babypopo, aber nicht verkocht, ihr Aroma ließ erahnen, dass sie in erstklassigem Boden gereift waren. Die Blutwurst. Ein Geschmack wie das Leben selbst. Und da war auch das Quäntchen eines Gewürzes, das er nicht benennen konnte.

Der Einsame aß den ganzen Teller leer und spürte, wie seine Augen sich mit Wasser füllten. Als der letzte Bissen geschluckt war, atmete er schwer und seine Rechte fuhr in die Manteltasche, schloss sich um den Schießprügel und zog ihn bedächtig hervor. Er nahm sich die Zeit zu warten, bis er nicht mehr zitterte.

Die erste Kugel blieb in der Holzvertäfelung der Decke stecken. Die zweite hätte beinahe den Wanderer hinter dem Tresen getroffen. Beinahe. Stattdessen sprengte sie eine Whiskyflasche, die in tausend Splitter zersprang, einer davon bohrte sich dem Wanderer in die Wange. Das goldene Getränk stürzte wie ein Wasserfall zu Boden und augenblicklich breitete sich ein durchdringender Geruch in der Gaststube aus.

Bei der dritten Kugel stockte der Einsame. Er öffnete den Mund, befeuchtete die Lippen und glaubte schon den kühlen Lauf auf seiner Zunge zu spüren. Er schloss die Augen, richtete den Revolver im letzten Moment erneut zur Decke des Schankraumes und drückte ab.

»Sagen Sie der Köchin«, wandte er sich mit heiserer Stimme an den erschrockenen Wanderer, »dass ich sie liebe!«

Draußen vor der Tür blinzelte er sich das Wasser aus den stahlblauen Augen, warf das Schießeisen mit dem leeren Magazin auf die Straße und schritt der Nachmittagssonne entgegen.

- Hough -

Hinweis für geneigte Leser:

Die Geschichte basiert auf einer alten Legende, welche besagt, der Vertraute und Biograph Karls des Großen, Einhard, der in Seligenstadt wirkte und starb, habe einst die geliebte Tochter seines Kaisers entführt. Eines Tages besuchte Karl der Große den Ort Obermulinheim (wie Seligenstadt damals hieß) und speiste im hiesigen Gasthaus. Dort erkannte er am unvergleichlichen Geschmack des Gerichtes die Kochkunst seiner Tochter wieder. Daraufhin soll er freudig ausgerufen haben: *Selig sei die Stadt genannt, da ich meine Tochter Emma wiederfand.*

Der Spruch ist bis heute auf dem Erker des Einhardhauses nachzulesen. Obermulinheim, so sagt man, wurde forthin in Seligenstadt umbenannt.

Himmel und Erd

Diese poetisch klingende Bezeichnung verdankt das süd-
hessische Herbstgericht seinen Zutaten, die tatsächlich
vom Himmel und der Erde stammen: Äpfel und Erdäpfel.
Beide werden für das leckere Gericht kleingeschnitten,
gekocht und mit kross gebratener Blutwurst und gold-
braunen Zwiebeln serviert.

Zutaten:
1 kg Kartoffeln
1 Pfund Äpfel
1 bis 2 EL Butter
1 dicke Zwiebel
etwas Salz

Zubereitung:
Geschälte Kartoffeln in Salzwasser nicht ganz weich ko-
chen. Wasser abgießen. Kartoffeln mit heißem Wasser
wieder aufsetzen, geschälte grob geschnittene Äpfel dazu-
geben, gar kochen und zum Schluss alles stampfen. Klein-
geschnittene Zwiebel in Butter bräunen und darüber ge-
ben.
Dazu reicht man Blutwurst, die an beiden Seiten angebra-
ten wurde.

JENNIFER B. WIND

Im Leben der Anderen

(Rüsselsheim)

Hätte man mir vor Jahren erzählt, in meiner Familie gäbe es dunkle Geheimnisse, hätte ich gelacht. Meine Kindheit war von Harmonie, Verständnis und Liebe geprägt. Unvorstellbar, Abgründe und Lügen zu vermuten. Bis die Fassade meiner Welt zu bröckeln begann. Stein für Stein. Anfangs begriff ich nicht, was passierte, blauäugig lebte ich durch den Tag. Zu spät kam mir der Gedanke, es könnte Menschen geben, die es derart schmerzhaft empfinden, sich mein Leben vorzustellen. Wie ein Holzspan im Fuß, der zu tief eingewachsen war, als dass man ihn ohne aufwändige Operation entfernen könnte. Dieser Splitter im Leben der Anderen war ich. Während ich hier liege, überlege ich, wie all dies geschehen konnte. Sonstige Aufgaben habe ich nicht. Seit Jahren liege ich im Wachkoma, sagen jedenfalls die Ärzte. Doch ich höre ihr Flüstern, wenn sie über meinen *Zustand* mit den Studenten reden. Jedes Semester erneut. Das Zischen des Atemgeräts singt mich in den Schlaf. Ich rieche den Schweiß der Krankenschwester, die meine Bettwäsche wechselt und mich wäscht, fühle das warme Wasser und den kratzigen Fetzen auf meiner Haut. Ich schmecke die Süße der Flüssigkeit, die mir jeden Tag durch einen Schlauch verabreicht wird, der durch meine Nase in den Rachen führt und spüre das Piksen der Infusionsnadel in meinem Arm. Der Juckreiz auf meinem wochenlang ungewaschenen Kopf bringt mich oft um den Verstand. Habe ich überhaupt noch einen? Die Ärzte sind sich nicht sicher. Deshalb wagt niemand die Geräte abzustellen. Versuche, mich bemerkbar zu machen, habe ich längst aufgegeben.

Früher wurden Menschen wie ich zusammen mit einem Glöckchen begraben. Gefangen in einer nutzlosen Hülle, betrachte ich mit offenen Augen und sabberndem Mund die Zimmerdecke. Hellblau gestrichen gaukelt sie mir den Himmel vor, den ich seit einer Ewigkeit nicht mehr gesehen habe. Ich vermisse ihn, genauso wie ich den Anblick von der Terrasse über den Waldsee vermisse, an dessen Ufer mein Haus steht. Ich vermisse, meinen Kindern übers Haar zu streichen oder meine Nase spielerisch in ihren Zehen zu vergraben. Ich vermisse meinen Mann, die Liebe meines Lebens und die Nachmittage im kleinen Café gegenüber meiner Arbeitsstelle mit Susanne. Oder die Joggingrunden durch den Park. Nein! Nicht die Joggingrunden, denn dort hat alles begonnen. Wenn ich die Zeit zurückdrehen könnte, würde ich mich in kein Gespräch mit *ihr* verwickeln lassen, sondern einfach vorbeilaufen. Aber genau genommen habe ich die ersten Worte gesagt. Genauso gut hätte ich nach Südafrika auf Haisafari fliegen können. Wobei Letzteres mir rückblickend weniger gefährlich scheint.

Es war einer dieser letzten sonnigen Herbsttage, an denen man mit Wehmut die verbliebenen Blüten betrachtet, als auf einmal diese Frau mitten auf dem Pfad hockte, auf dem ich jeden Tag zur selben Zeit meine Runden trabte. Unmöglich, sie zu übersehen. Mit schmerzverzerrtem Gesicht rieb sie sich mit filigranen Bewegungen den Knöchel und stöhnte dabei. Eine rote Haarsträhne hatte sich aus ihrer Kappe gelöst und klebte wie ein Regenwurm an ihrer Wange. Ein Tropfen, von dem ich im ersten Moment nicht wusste, ob es sich um Schweiß, Tränen oder Rotz handelte, löste sich von ihrer Nasenspitze und fiel auf ihren Schenkel. Hilfsbereit, wie ich war, kniete ich mich zu ihr. »Können Sie auftreten? Bluten Sie? Was ist passiert?« Hilflos sah sie zu mir auf. »Ich hab mir den Knöchel verstaucht.« Mit meiner Unterstützung gelang es ihr, zu mir nach Hause zu humpeln, wo ich sie auf die Couch und eine Eispackung auf ihren Fuß legte.

»Meine Kinder kommen bald von der Schule. Ich muss jetzt kochen. Sie dürfen gern mitessen.«

»Ich möchte Ihnen keine Umstände machen.«

»Tun Sie nicht.« Ich ging in die Küche, stellte einen Topf mit Salzwasser auf den Herd, wusch drei Kilo Kartoffeln und schälte sie. Nach einer Weile humpelte die Frau, von der ich mittlerweile wusste, dass sie Angela hieß, herein.

»Kann ich helfen?« Zuerst verneinte ich und erklärte, sie sollte sich lieber schonen. Doch sie setzte sich auf den Küchenstuhl und hob das verletzte Bein auf den anderen Stuhl. »Geht doch!«

Ich wies sie an, die gekochten Kartoffeln vom Vortag zu pellen und zu reiben. Währenddessen rieb ich die rohen Kartoffeln, gab sie in einen Leinenbeutel und drückte diesen über einer Stuhlkante aus. Das Salzwasser begann bereits zu sprudeln. Schnell vermischte ich beide Massen, formte fingerdicke Stücke und legte sie in das kochende Salzwasser. In der Zwischenzeit schnitt ich Dörrfleisch und Zwiebeln in kleine Würfel und briet sie in der Pfanne goldgelb an. Zusammen mit einem Gemisch aus Eiern und Milch rührte ich die Specksoße cremig. Da steckten auch schon Hanne und Uwe den Kopf zur Tür herein. »Papa hat uns gerade abgeholt.«

»Schön, deckt den Tisch und zwar für fünf Personen, wir haben einen Gast.« Beim Essen erzählten Angela und ich abwechselnd, was passiert war. Keiner fand es ungewöhnlich, sie gut gelaunt am Tisch sitzen und einen Spitzbuben nach dem anderen in sich hineinstopfen zu sehen.

»Was machen Sie, Angela?«, fragte mein Mann Rainer.

Angela spülte den Bissen mit reichlich Wein hinunter. »Bin auf Jobsuche. Hab bei Opel gearbeitet. Wie meine Eltern früher.« Genüsslich tunkte sie den nächsten Spitzbuben in die Specksoße. »Sensationell dieses Essen, ein Gedicht.«

»Mein Lieblingsgericht. Niemand kocht es so gut wie meine Marion.« Rainer zwinkerte mir zu und drückte meine Hand.

»Sie müssen mir das Rezept unbedingt geben.«

»Was haben Sie denn gelernt?«, hakte Rainer nach.

»Ich kann gut mit Kindern, war früher Kindermädchen.«

»Das ist interessant. Wir suchen gerade eine Kinderfrau.«

So wurde Angela unsere Babysitterin. Optimal fügte sie sich in unsere Familie ein, wie ein Puzzlestein. Meine Kinder liebten sie, und wenn ich später als Rainer von der Arbeit kam, saß Angela stets noch im Wohnzimmer. Lachend spielte sie mit ihm Karten und trank Wein. Als ich Rainer einmal gestand, dass diese Szenen Unbehagen in mir auslösten, meinte er: »Was ist schlimm daran, ein bisschen zu plaudern? So erfahre ich auch gleich, was es bei Uwe und Hanne Neues gibt.«

»Normalerweise können es Babysitter nicht erwarten, endlich Feierabend zu machen. Freiheit, Pille, Flower-Power!«

»Ach, komm«. Sanft knabberte er an meinem Ohrläppchen. »Eifersucht hast du nicht nötig. Du weißt, ich mach mir nichts aus Rothaarigen.« Mit einer Hand löste er meine Haarspange, während seine andere tiefer glitt.

»Das kann sich schnell ändern.« Spielerisch riss ich mich von ihm los und bewarf ihn mit einem Kissen.

»Nur, wenn du es befiehlst.« Lachend fing er mich wieder ein. Was danach kam, schob alle meine Bedenken beiseite.

Ich freundete mich mit Angela an. Wir gingen zusammen ins Theater oder ins Kino, spazierten gemeinsam im Park. Obwohl ich es seltsam fand, dass sie fast jederzeit verfügbar war. Aus Angst in Wunden zu stochern, fragte ich sie allerdings nicht nach ihrer Familie oder Freunden. Alles war gut wie es war, vielleicht würde sie sich von selbst öffnen.

Monate später bemerkte ich erste Veränderungen an Angelas Verhalten: Wie sie ging, wie sie lachte, wie sie an ihren Kleidern zupfte, die meinen immer mehr glichen, wie sie ihre Hände hielt, wenn sie am Tisch saß, wie sie mit dem Finger über den Rand des Weinglases strich. Wie ein Spiegel meiner selbst. Doch außer mir schien es niemand zu bemerken. Ich redete mit meiner Arbeitskollegin Susanne darüber, die meinte, ich würde überreagieren. Bis zu jenem schicksalshaften Tag im April glaubte ich sogar daran, meine Eifersucht würde mir einen Streich spielen. Angela lud mich ins Theater ein. Wir trafen uns vor dem Gebäude. Eisig lief es mir den Rücken hinunter, als ich näher kam. »Was hast du mit deinen Haaren gemacht?« Statt dem sonst rot gelockten Haupt fiel eine Kaskade glatter schwarzer Haare über ihre Schultern.

»Ab und zu muss man sich verändern.« Sie wedelte mit den Karten vor meinem Gesicht. »Faust! Rate mal, wer Mephisto spielt!« Fast hätte ich *Du* gesagt, verkniff es mir aber. Es wurde ein angenehmer Abend bis auf die Sache mit Uwe. Angela meinte, sie hätte Zigaretten in seinem Zimmer gefunden. Meinem Mann gefiel Angelas neue Frisur, ohne zu erkennen, dass es exakt der gleiche Schnitt war, den ich trug. »Sehr cool sieht Angela jetzt aus, findest du nicht?«

Jetzt wurde mir die Sache definitiv zu heiß. Ich musste Angela loswerden. Ich meinte, die optimale Strategie ersonnen zu haben und steckte ihr eine meiner Ketten in die Handtasche. Tags darauf suchte ich panisch danach. Als ich Rainer meinen Verdacht mitteilte, Angela würde uns bestehlen, stellte er sie sofort zur Rede. Natürlich stritt sie alles ab, bot jedoch an, mitzuhelfen, den Schmuck wie-

derzufinden. Was sie auch tat. Fröhlich überbrachte sie
mir die Kette, während mein Mann daneben stand. »War
im Badezimmer hinter der Toilette.« Miststück! Eine Woche später schüttete ich ihr Abführmittel in den Kaffee.
Sie meldete sich nur einen Tag krank und zuckte bei der
Rückkehr nicht einmal mit der Wimper. Zu der Zeit, als
ich an weiteren Möglichkeiten tüftelte – überfahren, aus
dem Fenster werfen, vergiften, mit meinem Chef verkup-
peln – überraschte Angela mich mit einer Einladung zu
einem Ausflug. »Wir müssen uns aussprechen«, sagte sie
zur Erklärung. Im Geiste überlegte ich schon, was ich ihr
an den Kopf werfen wollte. Der Trip führte uns zuerst
zum Opel-Werk. »Hier haben meine Eltern gearbeitet.«
Sie sagte es heiser. Ich nickte. »Meine auch.« Ihre Augen
bekamen einen dunklen Schimmer. »Da gibt es nur einen
Unterschied. Deine Mutter war im Vorstand. Meine Eltern standen am Fließband.« Da ich nicht wusste, worauf
sie hinaus wollte, zog ich es vor zu schweigen.

»Meine Eltern bekamen im Juli 1938 das große *gelbe J* in die Kennkarten gestempelt«, fuhr sie fort. »Mein
Name ist nicht Angela, ich heiße Miriam Klein. Mein Vater hieß Werner. Du findest ihn im Gedenkbuch der Opfer
der Verfolgung der Juden der NS-Zeit. Er war noch so
jung, als er starb.«

»Es tut mir leid.« Ich senkte meine Hand auf ihre
Schultern, doch sie stieß mich weg. »Du hast keine Ahnung wie das ist!«

»Du auch nicht. Das ist alles lange her.«

»Sieh dich an! Du hast alles! Ein Haus am See, einen
Mann, der gut aussieht, toll verdient und ein perfekter
Vater ist. Gesunde Kinder, die dich lieben. Einen Job, der
dir Spaß macht. Was hab ich? Jahrelang habe ich dich beobachtet, wie du dein perfektes Leben lebst und ich musste die Scheiße aus den Klomuscheln kratzen und die Beine
breitmachen.«

»Ich verstehe nicht. Hast du nicht bei Opel gearbeitet?«

»Stell dich nicht dumm, du weißt genau, wovon ich rede. Und das alles bloß, weil deine Mutter meiner nicht geholfen hat. Angefleht hat sie deine Mutter, uns zu verstecken, als sie meinen Vater abgeholt und deportiert haben. Sie hätte es gekonnt. Aber deiner Mutter war diese Freundschaft nur ein Ticket in die Schweiz wert. Wir mussten bei Nacht und Nebel fliehen, deine Mutter hatte nur einen Kanten Brot und ein bisschen Speck für uns übrig.« Angela spuckte auf den Rasen.

Ich schüttelte den Kopf. »Das war eine harte Zeit damals. Das kann man nur verstehen, wenn man dabei war.«

»Dein Vater war ein Nazi! Er war bei der Gestapo«, schrie Angela. »Nach dem Krieg gab es nur noch wenige Juden in Hessen."

Ich zuckte mit den Schultern. »Ich kenne die Geschichte leider nicht gut.«

»Deine Mutter war eine!« Angelas Gesicht war mittlerweile zu einer verzerrten Fratze geworden. Der Boden unter meinen Füßen begann sich zu drehen. Meine Mutter, eine Jüdin? Wieso hat sie mir das nie erzählt?

»Das ist noch nicht alles. Dein Vater war an den Alliiertenmorden beteiligt. Aber als Einziger wurde er nie verurteilt. Findest du das fair?«

Ich wusste nicht, was ich darauf antworten sollte. Zu sehr war ich damit beschäftigt, meine Fassung wieder zu finden. Sogar ich fand es zu weit hergeholt, dass Angela – oder Miriam – sich das ausdachte. Konnte es wirklich sein?

»Und nun zeige ich dir, wo viele Juden erschossen wurden.«

Wir fuhren zur Festung von Rüsselsheim. Flink wie ein Wiesel kletterte Miriam den Hügel hoch. Ich trabte unsicher und zitternd hinterher, während sich meine Gedanken überschlugen. Wieso wusste ich nichts von alledem?

»Hier«, Miriam zeigte auf eine Felswand, »mussten sie stehen und gegenüber standen die Gestapo-Männer mit Gewehren.« Über die zerbröckelte Steinmauer gebeugt, erfasste mich ein Schwindelgefühl, als ich mir das vorstellte. Mein Vater sollte mitverantwortlich sein? Ich hatte all die Jahre gedacht, dass er auch bei Opel gearbeitet hätte. Unbegreiflich. »Warum zeigst du es mir?« Tränen liefen über meine Wangen.

»Weil ich Gerechtigkeit will.« Angelas Augen funkelten. »Meine Mutter musste von der Schweiz aus nach Amerika fliehen, wir hatten jahrelang kein eigenes Dach über dem Kopf und kaum etwas zu essen. Ich konnte nur kurz in die Schule gehen, weil ich schon mit zwölf Jahren als Putzfrau bei so gelackten Menschen wie euch arbeiten und später für alte Säcke die Beine breitmachen musste. Meine Mutter ist an Krebs gestorben, weil sie sich die Behandlungen nicht leisten konnte. Ich hab bis zuletzt für sie gesorgt. Es wird Zeit, den Spieß umzudrehen. Ich will dein Leben! Ich werde es kriegen! Zuerst hole ich mir dein Haus, dann deinen Job und deinen Mann und vielleicht bekomme ich noch ein Kind mit ihm.«

»Du bist verrückt! Mein Mann wird mich nie verlassen!«

Sie grinste. »Sicher?« Damit beschäftigt, sie weiter zu beschimpfen, bemerkte ich nicht, dass meine Füße an den Rand der Böschung gerieten. Ein Schubs von Miriam reichte und ich fiel. Im Fallen erkannte ich die Wahrheit in den zerfetzten Wolken, die über den Himmel zogen. Der Schmerz ging tief. Sekunden später lag ich in der Grube, wo einst Angelas und meine Ahnen umkamen und fühlte nichts mehr.

Als ich wieder erwachte, blickte ich in dieses Hellblau, das mir den Himmel vortäuschte, tagein, tagaus. Durch

Erzählungen meiner Besuche bekam ich mit, wie mein Leben weiterging. Miriam lebte seit Langem mit meinem Mann zusammen und hat ihm Zwillinge geschenkt, ihre Kinder wuchsen mit meinen zusammen in meinem Haus am See auf. Sie haben mittlerweile selbst Kinder, ich bin somit Großmutter. Miriam ist es im realen Leben. Ihre Spitzbuben schmecken angeblich besser als meine. Weil mein Mann sich weigert die Maschinen abzustellen, bleibt ihr eine Hochzeit mit ihm verwehrt. Jeden Tag um 15 Uhr schalten die Schwestern den Fernseher ein, deshalb weiß ich, dass längst ein neues Jahrtausend begonnen hat. Die Tür geht auf. Meine Familie stapft lautstark herein, mit einer Torte, ich kann sie nicht sehen, aber riechen und ich höre eine Spritzkerze. Jedes Jahr das gleiche Spiel. Sie singen *Happy Birthday*. Eine Farce. Ich wünsche mir eigentlich jährlich wieder aufstehen und mein Leben weiterleben zu dürfen. Da ich meine Kerzen nicht selbst ausblasen kann, bleibt es beim Wunsch. Mit der Zeit bin ich müde geworden. Ich kenne mein Leben nur durch die Augen der Anderen, die nicht wissen, dass meine Augen immer noch sehen, meine Ohren immer noch hören, meine Haut und mein Herz immer noch fühlen. An diesem Tag wünsche ich mir eine Taube zu sein. Als alle gegangen sind, betritt Miriam wieder den Raum und setzt sich an die Bettkante. Ich stelle mir vor, wie ich meinen Arm hebe, meine Finger um ihren Hals lege und fest zudrücke bis das Weiß ihrer Augen in ein Rot übergeht. Ein lächerliches Bild. Ich schaffe es nicht einmal zu blinzeln. Miriam streicht mir übers Haar. »Ist ganz weiß geworden. Ich färbe meines. Du hörst nicht auf zu kämpfen, nicht wahr, Marion? Die Ärzte sind der Meinung, dass die falsche Diagnose gestellt wurde. Angeblich hast du das Locked-in-Syndrom und bekommst alles mit und es soll heilbar sein. Darüber weiß man erst seit ein paar Jahren Bescheid. Sie wollen morgen mit der Therapie beginnen, wenn der Spezialist kommt. Seit 45 Jahren lebe ich dein Leben und ich hab es keinen Tag bereut. Es wird für mich Zeit, dir zu danken, bevor ich dir *Lebe wohl* sage. In deinem Leben bin ich glücklich. Die Schuld deiner Vorfahren ist gesühnt. Du kannst jetzt loslassen. Versteh bitte, dass ich nicht riskieren kann, dass du wieder gesund wirst.«

Mit einem Ruck entfernt sie die Atemschläuche und schleicht aus dem Zimmer. Stille. Kein Zischen mehr. Meine Brust hebt und senkt sich ein letztes Mal. Das Himmelblau über meinem Kopf wird zu einem Strudel dunklen Wassers, ich fliege über den See, betrachte mein Haus von oben, höre das Lachen meiner Kinder, das Bellen unseres Hundes. Die Lippen meines Mannes verschmelzen mit den meinen. Süß und gleichzeitig bitter schmeckt der Kuss. Nach Abschied. Die Bilder verschwimmen zu bunten Wolken. Eine Träne löst sich aus meinem Auge, rinnt über die erhitzte Wange. Im Geiste lecke ich sie von den Lippen, meine Finger zucken, lösen die Infusionsschläuche, ich richte mich auf, steige aus dem Bett, trete aus der Tür. Die Wärme der Sonne legt sich schützend über meine nackten Schultern, eine Libelle surrt vorbei. Ich rieche das Wasser und schmecke frisch gemähtes Gras. Bin zu Hause. Erleichtert lege ich den Kopf in den Nacken und sehe in das Azur. Diesmal lügt es nicht.

Spitzbuwe mit Specksoße

Das Rezept der Spitzbuwe ist in ganz Süddeutschland bekannt, dort kennt man es allerdings unter anderen Namen wie Wampenstecher oder Bauchstecherle. Im Vogelsberg serviert man zu diesen spitz geformten Klößen aus rohen und gekochten Kartoffeln, Stärke und Ei eine deftige heiße Specksoße.

Zutaten:
3 kg rohe Kartoffeln
1,5 kg gekochte Kartoffeln
400 g Dörrfleisch
2 mittelgroße Zwiebeln
2 Eier
1 l Milch
Salz und Pfeffer

Zubereitung:
Rohe Kartoffeln waschen, schälen und reiben. In einen Leinenbeutel geben und über einer Stuhlkante ausdrücken. Gekochte Kartoffeln vom Vortag pellen, reiben und dann zur rohen Kartoffelmasse geben. Die Kartoffelmasse kräftig durchkneten, mit Salz und Pfeffer abschmecken. Nun mit nassen Händen fingerdicke längliche Spitzbuwe formen. Diese werden dann in reichlich kochendem Salzwasser ca. 15 Minuten gegart.

Für die Specksoße das Dörrfleisch in kleine Würfel schneiden, anbraten. Zwiebelwürfel dazugeben und goldgelb braten. Eier und Milch kräftig zerkleppern, abschmecken und in der Pfanne sämig rühren.

YVONNE GÖRLACH

Die Wut dahinter

(Darmstadt)

Armin hatte keinen Hunger. Widerwillig schob er sich ein Stück Banane in den Mund, während er aus dem Fenster sah. Morgengrau mit Schneeflocken-Begleitung, die langsam zu Matsch wurden, Kopf leer, Gedanken im Kreis. 48 Jahre, Rechtsanwalt, alles im Lot, also wo ist das Problem, überlegte er. Das Klingeln drang wie aus weiter Ferne an sein Ohr. Sicher der Postbote, ansonsten besuchte ihn niemand um diese Zeit. Armin schlüpfte in die Hausschuhe und ging zur Tür. Als er sie öffnete, änderte sich sein Leben. Ein kleiner Junge stand davor.

Armin schätzte ihn auf acht oder neun Jahre; er hatte ganz blaue Lippen von der Kälte. Als Armin genauer hinsah, erkannte er ihn: Es war Tom, acht Jahre alt, sein Sohn. Nur ein einziges Mal war er ihm begegnet, kurz nach seiner Geburt. Ansonsten kannte er ihn von Bildern, die ihm seine Exfrau ab und zu schickte. Der Kleine hatte seine Augen. Armin seufzte. Himmel, auch das noch.

»Was willst du hier, Tom?« Der Junge wirkte unruhig. Er trug den Schulranzen auf dem Rücken und hatte die Mütze tief ins Gesicht gezogen. Armin öffnete die Tür ein Stück weiter. »Na, komm halt rein.« Armin wusste nicht, was er tun sollte. Das alles stresste ihn enorm. Der Brief von Toms Mutter Iris lag achtlos in der Küche. Seit er ihn gelesen hatte, war er total durcheinander. Iris wünschte sich, dass Armin seinen Sohn kennenlernte. Sie wusste nicht, wie sie alles schaffen sollte, weil eine schwere Erkrankung ihr die ganze Kraft raubte. Armin überlegte wieder einmal, wie sehr sie ihn hassen musste. Niemand konnte verstehen, warum er sie verlassen hatte. Aber er wollte kein Kind. Es war ihre einsame Entscheidung gewesen, dieses Baby auf die Welt zu bringen. Der Junge war ihm fremd, auch in diesem Moment.

»Bist du hungrig?«, fragte er, um die peinliche Stille zu überbrücken. Tom zog seine Mütze und den Ranzen ab, nickte. Armin starrte in den Kühlschrank und holte Quark, Butter und Frischkäse heraus. Knoblauch und Zwiebeln waren immer im Haus. Langsam begann er daraus einen Spundekäs zu mischen. Eines der wenigen Gerichte, mit dem er Liebe und Fürsorge verband. Er stäubte Paprikapulver über die Masse. Seine Mutter hatte es immer für ihn gemacht, wenn es ihm nicht gut ging. Armin hörte auf zu rühren. Etwas drängte an die Oberfläche. Wut und Verzweiflung gepaart mit Erinnerung. Er kämpfte dagegen an, wie er es sein Leben lang getan hatte. In Gedanken versunken, wusch er die roten Fingerspitzen unter klarem Wasser ab.

Armin stellte das Schüsselchen vor Tom auf den Tisch und gab eine Laugenbrezel dazu, die er aufgebacken hatte. Ein klein wenig musste er lächeln. Vielleicht wirkte sich dieses Ritual positiv auf das Verhältnis zu seinem Sohn aus. Zumindest nahm der Kleine das Essen dankbar an und machte sich mit Appetit darüber her. Nach einer Weile hörte Tom auf zu essen und holte tief Luft. »Ich wollte zu dir ...«, begann er. »Mama – geht es nicht so toll.« Er schaute Armin an. Die dunklen Augen füllten sich mit Tränen. Armin wollte ihn in die Arme nehmen, aber er schaffte es nicht. Etwas stand zwischen ihnen wie eine gläserne Wand. Toms Lippen bewegten sich, als plötzlich wieder dieses Gefühl in Armin auftauchte. Alles spülte an die Oberfläche, was er mühsam von sich weg gehalten hatte, weil Tom nur dieses Wort sagte: »Warum?«

Ein grelles Licht blitzte auf, ein graues Polaroid-Foto wurde hin und her bewegt und bekam langsam Farbe.

Nach und nach erschien vor Armins Augen ein kleiner Junge in Toms Alter, der ängstlich von unten in die Kamera schaute. Krampfhaft hielt der Junge die Arme um seinen Körper gepresst. Der Junge flüsterte: »Warum?«

Armin wurde schwindlig. Er musste sich aufstützen. Das Geräusch, das seiner Kehle entwich, klang unmenschlich. Tom blinzelte erschrocken zu ihm hoch. Armin wurde hektisch. Er räumte die Sachen vom Tisch, obwohl Tom noch essen wollte. Reichte ihm seine Jacke, die Mütze und den Ranzen: »Du musst jetzt gehen.« Armin sah den Schmerz des Kleinen, der sich aber gehorsam zur Tür wandte. »Ich melde mich bei dir", sagte Armin, jetzt freundlicher.

»Wann?«, wollte der Kleine wissen.

»Bald«, versprach Armin und glaubte es selbst nicht. Aber dann, für einen winzigen Moment, öffnete er doch sein Herz und nahm Tom in den Arm. Er streichelte ihm sacht über die Haare. Sie sind genauso dick wie die seiner Mutter, dachte er plötzlich und wunderte sich. Wurde er doch noch sentimental auf seine alten Tage?

»Tschüss!« Tom nickte ihm zu und ging. Es hatte wieder angefangen zu schneien. Armin meldete sich im Büro krank. Termine konnten verschoben werden, heute stand keine Gerichtsverhandlung an. Fieberhaft begann er zu recherchieren. Im Netz der unendlichen Möglichkeiten. Er fand, was er suchte, schrieb sich eine Adresse auf, zog seine dicke Winterjacke an und schloss sorgfältig die Wohnungstür hinter sich ab.

Der Schnee hatte längst über den Matsch gesiegt, als Armin durch die Straßen der Stadt lief. Das Verkehrsgeräusch klang gedämpft unter der weißen Decke, die sich über das Grau des Tages gelegt hatte. Armin bewunderte, wie der Schnee die Konturen der Gebäude nachbildete. Er betrachtete die Umgebung schon immer liebevoller als seine Mitmenschen. Die Reste des alten Darmstadts im

Martinsviertel mit ihrem morbiden Charme, die kleinen Verzierungen an Balkonen oder Fensterstürzen, die Farben, die Gärten, die Lichter. Auch die Eleganz des Jugendstil-Ensembles auf der Mathildenhöhe hatte ihn schon immer fasziniert. Armin stapfte durch den Schnee im Platanenhain und betrachtete die Reliefs, die die Licht- und Schattenseiten des Menschen darstellten. Wie passend, dachte er. Genauso wie die goldene Uhr an der Nordfassade des Hochzeitsturms, deren Zeiger auf zehn vor zwölf standen. In jedem Bild sah Armin einen Kommentar zu seinem Leben. Sogar der Hochzeitsturm selbst war wie eine Fußnote. Das Wahrzeichen der Stadt, von den Darmstädtern liebevoll Fünffinger-Turm genannt, aufgrund der eigenwilligen Form, die ihm der große Jugendstil-Architekt Olbrich verliehen hatte, war ein Geschenk der Darmstädter an ihren Großherzog zu seiner zweiten Hochzeit. Jeder bekam hier eine zweite Chance. Auch Armin. Darmstädter glaubten daran. Ungewöhnlich, genau wie ihre seltsamen Helden. Ihr wichtigster Held: ein Schnorrer und Alkoholiker, der Datterich. Armin verließ gedankenverloren die Mathildenhöhe und lenkte seine Schritte in Richtung Jugendstilbad, um dann von dort über die Nieder-Ramstädter-Straße zum Alten Friedhof zu gelangen. Ein ordentlicher Fußmarsch. Lang genug, um sich alles noch einmal durch den Kopf gehen zu lassen.

Er betrat den Alten Friedhof und ging zügig vorbei an verwitterten Grabsteinen, sanften Engeln und Büsten bekannter Persönlichkeiten. Im hinteren Bereich blieb Armin vor einer brennenden Kerze stehen. Sein Blick strich über die Tannen, die dunkel ihre Zweige ausbreiteten, als sei jede Vergangenheit unwichtig. Dieser Ort war für Armin Zuflucht gewesen. Hierher war er gekommen und hatte Eichhörnchen mit seinem nicht aufgegessenen Schulbrot gefüttert. Hier hatte er sich versteckt. Manchmal. Jetzt besuchte er das Grab seiner Eltern. Der gefrorene Kies knirschte, als er sich hinkniete. Er schob den Schnee von der Grabplatte und stellte Zweige mit Hagebutten in eine Vase, die in der Erde steckte. Die Zweige hatte er unterwegs gefunden. Es gab nicht viel Farbe im Winter, dafür war dieses Rot umso leuchtender. So rot wie sein Zorn, der immer stärker wurde, je näher er dem Ziel kam. Es wurde Zeit. Er strich den Schnee von der Hose und ging los. Armin lief an der Mauer des Alten Friedhofs entlang. Sein Schulweg. Damals hatte er sich vorgestellt, dass nachts Gespenster dahinter leben würden. Es hatte ihm nicht so viel Angst gemacht, wie die echten Gespenster. Insbesondere das eine Gespenst. Das Monster. Armins Herz klopfte, aber er ging weiter und bog diesmal nicht rechts in Richtung seiner alten Schule ab, sondern lief an der Elly-Heuss-Knapp-Schule vorbei, in das noblere Wohnviertel dahinter. Er erkannte das Haus sofort. Es hatte abgeblätterte, rote Fensterläden und diesen altmodischen Touch, bei dem die Gardinen akkurat über Orchideen hingen und im Vorgarten kein Unkraut wuchs. Armin schloss die Augen und kämpfte mit sich. Er sah einen Schatten im Fenster und klingelte.

Die Tür ging auf. Ein betagter Mann kam heraus, der sich schwerfällig bewegte. Er sah freundlich aus unter seinen buschigen Augenbrauen.

»Ja, bitte?« Armin schaute ihn an und ging an ihm vorbei in das Haus. Aufgeregt folgte ihm der Alte.

»Was soll das? Was machen Sie da?«

Armin kämpfte mit sich. »Sie erkennen mich nicht?« Sein Gegenüber runzelte die Stirn. »Ich sehe nicht mehr gut, ich höre nicht mehr gut, nur da oben«, er deutet auf seinen Kopf, »ist noch alles beisammen.« Armin lachte.

»Da habe ich ja Glück gehabt.«

Der alte Mann setzte sich auf einen abgewetzten Stuhl und zog ein Handy zu sich heran. Mit gichtigen Fingern suchte er nach den Tasten.

»Das würde ich nicht tun«, sagte Armin mit gefährlichem Unterton.

»Ich habe kein Geld«, jammerte der Alte. »Da müssten wir zur Bank ...« Die Angst sah man ihm deutlich an. Gut so. Armin beobachtete ihn genau. »Ich will kein Geld.« Zittrige Stimme: »Ja, was wollen Sie dann? Wer sind Sie?« Armin packte sein Gegenüber bei den Schultern.

»Ich - will - mein - Leben - zurück.«

Schweißperlen bildeten sich auf der Stirn des Alten. Auch Armin fühlte sich schlecht. Das vertraute Bauchweh quälte ihn. Er ließ den Mann los. »Geben Sie mir das Buch. Sie wissen, welches, das schwarze Buch, das mit den Fotos!«

Der Alte schnaufte schwer. Er musterte Armin misstrauisch wie eine Echse, trockene Haut, kleine Pupillen.

»Sie haben es doch noch, nicht wahr?«

Erkennen blitzte in den wasserblauen Augen auf.

»Wo ist es?«

»Ich weiß nicht, was Sie meinen.«

Dieser verlogene alte Mistkerl. Armin ballte die Fäuste. Dann begann er zu suchen. Er schaute zwischen Büchern, in Schubladen, er öffnete eine alte Vitrine. Da! Schwarzer Karton, gleich neben der Porzellandose. Er öffnete das Buch. Sein Herz klopfte wild.

Auf jeder Seite war das Bild eines Kindes, immer ein Junge, immer ängstlich, immer mit Datum und Namen versehen. Armin hob die Hand vor die Augen, blind vor Tränen. Er sah den Schlag nicht kommen.

Der alte Mann zog ihm eine Whiskey-Flasche über den Schädel, sodass Armin in die Knie ging. Blut sickerte in seine Augen. Er wischte es weg, drehte sich um, starrte das Ungeheuer an. Alles, was sich sein Leben lang an Schmerz und Wut angesammelt hatte, entwich auf einen Schlag. Armin stieß mit aller Kraft gegen die Brust des Monsters, überwältigt von Ekel und Hass. Ein furchtbares Geräusch, als der Kopf auf die Tischkante knallte. Vorbei. Armin wurde ganz ruhig. Er rief die Polizei an. Dann wartete er. Das Buch steckte er unter seine Jacke.

Sie kamen zu zweit. Polizeiliche Routine, ohne Blaulicht, ohne Aufsehen. Sie riefen einen Arzt für die Ausstellung des Totenscheins. Armin erkannte den Arzt sofort. Er schaute ihn erschrocken an. Es war Ludwig! Sein Banknachbar und Freund. Ludwig zwinkerte ihm unmerklich zu und untersuchte die Leiche. »Er ist gestürzt?« Armin nickte benommen.

»Ich habe immer gesagt, er soll mit dem Trinken aufhören, sonst passiert noch was.« Ludwig zeigte den Beamten die zerbrochene Flasche. »Herr Baumgart ist schon lange mein Patient, wissen Sie! Er war alt und wackelig auf den Beinen.« Beiläufig erwähnte er: »Ich weiß, dass er sich sehr auf deinen Besuch gefreut hat, Armin.«

Einer der Polizisten schaute Ludwig fragend an, der sofort hinterherschob: »Wir waren seine Schüler, Armin Meyer und ich. Wir hatten Deutsch und Sport bei ihm. Unser Lieblingslehrer.«

Der Polizist klopfte Armin verständnisvoll auf die Schulter: »Tut mir leid, ist ja furchtbar.«

Erst draußen im Schnee fand Armin seine Sprache wieder. Er nahm den Freund zur Seite und zeigte ihm das schwarze Buch, das er unter seiner Jacke trug: »Niemand hat uns geglaubt. Aber diesmal wird es anders.« Ludwig schloss gequält die Augen. »Ist es – das?« Armin nickte. »Pass auf dich auf und warte, bis die Wunde verheilt ist«, er deutete auf Armins Stirn. Kurz und herzlich umarmten sie sich. Dann gingen sie auseinander.

Die letzte gestohlene Zeit verstrich schnell. Der eine Tag noch, dann würde Armin sich stellen und gleichzeitig zur Anzeige bringen, was ihm und den vielen anderen Jungs geschehen war. Von ihrem Lehrer. Der sie angefasst hatte. Weder Eltern noch Lehrer noch irgendjemand sonst wollte ihnen damals zuhören oder gar glauben. Aber das war nun vorbei.

Armin freute sich, während er in der Küche stand und die Zutaten für den Spundekäs zusammenrührte. Zwiebeln, Knoblauch, Quark, Frischkäse, Butter, die weich, aber nicht flüssig war. Er streute einen Hauch Paprika darüber, als es klingelte. Sobald er die Tür öffnete, hüpfte der kleine Tom ihm in die Arme und Armin fand es großartig. Er drückte ihn fest, setzte sich mit ihm an den Tisch. Liebevoll beobachtete er, wie sein Sohn die frischen Laugenbrezeln durch den Spundekäs zog und genussvoll daran knabberte und hörte zu, wie Tom erzählte. Gemeinsam betrachteten sie das Spiel der Sonne durch ihre Finger und den Schneemann vor der Tür. Die Karottennase und die Kohlezähne waren schon abgefallen, nur die dunklen Augen glühten noch. Beide lachten sich kaputt über die traurige Gestalt.

Eine Kindheit, wie sie hätte sein können.

Als Tom gegangen war, nahm Armin das Telefon und wählte die Nummer der Polizei.

Spundekäs mit Laugengebäck

Ursprünglich stammt der Spundekäs aus Mainz, aber auch im Rheingau wird der würzige Käse gern gegessen. Er besteht aus Frischkäse, Butter, Quark, Paprikagewürz und Zwiebeln und schmeckt als Dip zu knackigem Laugengebäck besonders lecker.

Zutaten:
500 g Frischkäse Doppelrahmstufe
250 g Quark 20 %
50 g Butter
1 EL edelsüßer Paprika
1 Prise scharfer Rosenpaprika
1 Knoblauchzehe
Salz und frisch gemahlener Pfeffer

Zubereitung:
Die Butter aus dem Kühlschrank nehmen und sehr weich werden lassen – auf keinen Fall die Butter erhitzen! Den Knoblauch sehr fein schneiden, nicht pressen.

Alle Zutaten in einer großen Schüssel gut vermengen und würzen. Der Spundekäs soll würzig-pikant schmecken. Am besten mundet er, wenn er einen Tag durchgezogen hat.

Zum Spundekäs isst man Pellkartoffeln, klein geschnittene Zwiebeln, Kümmel, Radieschen, frische Brezeln oder eine Scheibe herzhaftes Bauernbrot.

Und natürlich gibt es ein Glas Riesling dazu!

ANNE HASSEL

Eine für alle ...

(Babenhausen)

Flora liebte Wolken. Schmutzig grau waren die meisten an diesem Abend Anfang Mai, große und kleine Wattebausche. Nur dort im Westen, wo die Sonne bald untergehen würde, hatten diese goldfarbene Ränder, erinnerten an den Himmel in manchen Bildern von Caspar David Friedrich.

Die Uhr der mittelalterlichen evangelischen Stadtkirche St. Nikolaus von Babenhausen schlug acht Mal.

Es war kühl und Flora schloss das Fenster.

Isabell kam als Erste.

Die leichten Schritte auf der Treppe bis hoch in den ersten Stock waren kaum zu hören. Flora öffnete die Tür, umarmte die Freundin. Wortlos trat sie einen Schritt zur Seite, forderte Isabell mit einer Handbewegung auf, in das Wohnzimmer vorauszugehen und folgte ihr.

»Nun ist es so weit!«, sagte Isabell und setzte sich auf das blaue Sofa, das den meisten Platz des Raumes einnahm.

»Ja, das ist es«, antwortete Flora. Sie vermied es, die Freundin anzusehen, die sich eine kohlrabenschwarze Haarsträhne aus der Stirn strich. Die Farbe steht ihr nicht, dachte Flora, macht das ohnehin schon blasse Gesicht noch blasser.

Ein Klingelton unterbrach die kurz eingetretene Ruhe. Flora drückte auf den Türöffner, wartete und ließ dann Bettina herein. Bettina, die nicht nur wegen der Vielzahl der Stufen schnaufte, die ständig mit ihrem Gewicht kämpfte. Sie hielt einen großen Topf mit beiden Händen fest umklammert, stellte diesen dann vorsichtig auf den kleinen Tisch, auf dem sich bereits eine Schüssel mit dampfenden Kartoffeln und eine Platte mit gekochtem Schinken befand.

»Nun sind wir vollzählig«, sagte Flora. »Greift zu, bevor es losgeht!« Sie verteilte Teller, Messer und Gabeln. Deutete auf die Gläser mit einem leichten Weißwein, der zum Essen passte.

Bettina nahm den Deckel vom Topf.

Flora schnupperte: »Köstlich! Spargelgemüse! Ich kann gar nicht genug davon bekommen! Vor allem nicht von deinem! Wieder nach dem traditionellen Babenhäuser Rezept gemacht?«

»Ja! Wie immer!«

»Ich habe schon manch anderen Spargel probiert, aber deiner schmeckt am besten. Die Soße, einfach herrlich! Gerade in der Einfachheit des Rezeptes liegt seine Raffinesse.« Isabell erhob sich vom Sofa und nahm eine große Portion auf ihren Teller. Die anschließende Stille wurde nur unterbrochen vom Geklapper der Gabeln und Messer.

»Und nun zum eigentlichen Anlass unseres Treffens ...«, fing Flora nach einer Weile an.

»Irgendwie habe ich trotzdem ein schlechtes Gewissen ...« Isabell kaute, schluckte.

»Du? Gerade du?«, sagte Flora, wobei sie das *du* in die Länge zog und sich Isabell zuwandte. »Du? Tatsächlich? Wenn jemand das nicht zu haben braucht, dann bist du es. Hast du schon vergessen, was Karin dir angetan hat?«

»Nein«, hauchte Isabell und senkte den Blick. »Nein, wie könnte ich!«

»Wie oft hast du dich bei uns ausgeheult. Wie oft bist du beim Arzt gewesen und bekamst Psychopharmaka verschrieben, weil es nicht anders ging. Und dass du noch heute keine Nacht durchschlafen kannst, ist das auch nicht schlimm?«

»Doch! Es ist einfach furchtbar!«

»Tun dir deine beiden Kinder etwa nicht mehr leid?«, fuhr Flora fort. »Haben Frank und Ann-Marie inzwischen aufgehört, nach ihrem Papa zu fragen?«

»Nein«, flüsterte Isabell.

»Siehst du! Und was antwortest du deinen Kleinen? Dass Karin, dieses Miststück von einer angeblichen Freundin, daran schuld ist? Dass die sich so lange an Hans-Georg rangeschmissen hat, bis er schwach geworden ist?«

»Natürlich nicht. Ich lüge ihnen jeden Tag vor, Papa sei nur eine Zeit lang fort, wie lange, könne ich nicht sagen. Sie verstehen es doch noch nicht, sie sind viel zu jung.« Isabell weinte leise.

»Hör auf zu heulen! Das bringt gar nichts.« Bettina legte den Arm um Isabells Schultern. »Du stimmst uns also zu, wir müssen unseren Plan in die Tat umsetzen.«

Isabell nickte.

»Ja«, sagte Flora, die die ganze Zeit stand. Sie schaute nun Bettina an. »Und? Wie geht es dir? Hast du wieder Arbeit gefunden?«

»Nein«, antwortete Bettina und die roten Flecken auf ihrem runden Gesicht nahmen an Intensität zu. »Nein. Mich will einfach keiner mehr, weder hier in Babenhausen noch in der Umgebung. Karin hat ganze Arbeit geleistet mit ihrem Rufmord.«

Flora machte mit der Hand eine Bewegung über den Hals von links nach rechts.

»Dabei bist du so eine tolle Köchin! Nicht nur wegen deines Spargelgemüses. Aber selbst das hat diese dumme Person, die ja angeblich unsere Freundin war, in Grund und Boden kritisiert. Dabei kann die überhaupt nicht kochen!«

»Ich weiß heute noch nicht, wie Karin es geschafft hat, dass mir fristlos gekündigt wurde. Was sie meinem Chef erzählte.«

»Hast du ihn nicht danach gefragt?« Isabell nahm ein Weinglas vom Tisch.

»Natürlich habe ich das getan. Er kann mich ja nicht einfach rausschmeißen. Seine Antwort war, ich wüsste das selbst und er fände es unverantwortlich, dass er das mit den gesundheitlichen Problemen von meiner Freundin erfahren müsse. Kein Gesundheitsamt in Hessen würde mich im Augenblick arbeiten lassen. Als Köchin wäre ich jedenfalls untragbar. Aber ich habe nichts, ich schwöre, keine Salmonellen, keine Hepatitis, nichts. Und zu dick und unsauber wäre ich auch. Könnt ihr euch vorstellen, wie ich mich fühlte, als mein Chef das zu mir sagte? Natürlich habe ich auch von Karin wissen wollen, was sie an Lügen über mich verbreitet. Ihr wisst, wie scheinheilig sie sein kann. Angeblich wäre das überhaupt nicht von ihr gekommen – vielleicht hätte eine von euch es getan! Doch ihr kennt das ja alles schon.«

»Du hättest vor Gericht gehen können. Die Kündigung ist nicht gerechtfertigt, in keiner Weise! Du kannst doch mit entsprechenden Attesten beweisen, dass das alles Lügen sind!«, ereiferte sich Flora.

»Ja, aber dafür habe ich weder die Nerven, noch für einen Anwalt das Geld. Ich bin in keiner Rechtsschutzversicherung. Und in dem Lokal, in dem ich gearbeitet habe, möchte ich bestimmt nicht mehr anfangen. Doch nun zu dir, Flora. Konntest du die Insolvenz abwenden?«

Das *Nein* kam kaum hörbar.

»Hast du nochmals mit Karin in letzter Zeit geredet? An ihr Gewissen appelliert?« Isabell stand auf.

»Ja! Vor einer Woche. Da bin ich extra zu ihr gefahren. Erst hat sie auf mein Klingeln nicht geöffnet, doch ich wusste, sie ist zu Hause. Ihr Auto stand in der Garage. Also klingelte ich weiter und rief so lange, bis sie sich bequemte, mit mir zu reden. Nach diesem Gespräch habe ich keine Hemmungen mehr, meine sogenannte Freundin ins Jenseits zu befördern.«

»Meine verschwinden auch mehr und mehr«, flüsterte Isabell und schob sich noch einen Löffel mit Spargelgemüse in den Mund.

»Ihr glaubt nicht, was Karin auf meine Vorhaltungen geantwortet hat. Sie behauptet doch allen Ernstes, sie hätte niemals Geld von mir erhalten. Weder vor zwei Jahren noch in letzter Zeit. Zwanzigtausend Euro schon gar nicht. Nur weil ich so blöd war und nichts Schriftliches in der Hand habe, kann ich nicht beweisen, dass ich ihr diesen Betrag geliehen habe.«

Isabell verschluckte sich und hustete. »Das glaube ich jetzt nicht«, stammelte sie, als sie wieder reden konnte.

»Du schwindelst«, sagte auch Bettina fassungslos.

»Nein! Ich schwöre! Karin sitzt vor mir, schaut mich an, grinst und meint, was ich denn überhaupt von ihr wolle. Ich dumme Kuh! Gebe dieser falschen Bazille das Geld, weil sie mir leidgetan hat, weil sie sich angeblich sonst einen Strick hätte nehmen müssen, so ausweglos war damals ihre finanzielle Situation. Gebettelt hatte sie, gefleht, geheult wie ein Schlosshund. Und ich fiel darauf rein. Nach einem halben Jahr hätte ich angeblich mein Geld wieder. Wie oft bat ich sie um die Rückgabe, wie oft schilderte ich ihr nun meine prekäre finanzielle Situation, dass ich das Geld brauche, sonst drohe die Schließung meines Blumenladens. Anfangs vertröstete sie mich noch von Monat zu Monat. Doch das jetzt, das ist das Letzte. Das hat das Fass zum Überlaufen gebracht! Das wird sie büßen!«

»Eine für alle – alle für eine«, rief Isabell und sprang vom Sofa hoch.

»Ja, eine für alle – alle für eine«, sagte auch Bettina. Bei ihr dauerte es ein wenig länger, bis sie stand.

»Warum hat sich das alles so entwickelt mit Karin?«
Nachdenklich sah Flora in die Runde. »Wir waren doch
alle mal befreundet, oder? War es einfach nur Neid bei
ihr? Neid auf deine kleine glückliche Familie, Isabell?
Neid auf deine Kochkünste, Bettina? Neid auf meine
Selbstständigkeit mit dem Laden? Weil sie selbst nichts
hat, nichts kann? Wollte sie deshalb das kaputtmachen,
was uns etwas bedeutet? Wie oft habe ich darüber nach-
gedacht.«

Sie sah alle ratlos an.

»Weiter darüber zu grübeln führt zu nichts. Es ist einfach zu viel geschehen«, sagte Isabell und die anderen
nickten.

»Gut! Dann zur Ausführung unseres Plans, den ihr ja
kennt. Karin ist wirklich bei dem VHS-Kurs, wie jeden
Donnerstag. Ich habe sie gesehen, wie sie in den Zug nach
Darmstadt gestiegen ist …«, begann Flora abermals.

»Du hast sie beobachtet?«, unterbrach sie Isabell.

»Klar! Wenn wir das tun wollen, was wir vorhaben,
dann muss alles stimmen. Es darf nichts schiefgehen.
Also, Karin wird dann auch mit dem Zug um 23 Uhr 31
ankommen, wie immer. Arme Karin, dann beginnt ihr
letztes Stündchen, sie weiß es nur noch nicht. Der Weg
vom Bahnhof am Stadtrand zu ihrem Haus ist nicht ganz
ungefährlich, oder? Wie schnell kann da was passieren!«

Ein leichtes Grinsen umspielte Floras Mundwinkel. Sie
griff nach der Schachtel mit Streichhölzern auf dem Tisch.
Nahm drei heraus, brach von einem das obere Drittel ab.
Steckte diese dann in ein Tuch, sodass nur drei gleichlan-
ge untere Teile zu sehen waren.

»Wer will zuerst ziehen?«, fragte sie. »Und keiner sagt,
welches Streichholz er gezogen hat – wie abgemacht.«

Isabell streckte als Erste die Hand aus, sie zitterte
leicht. Mit der Faust umschloss sie fest das kleine Holz-
stück.

Bettina folgte. Auch ihre Hand zitterte, als sie nach dem Streichholz griff.

Flora wandte sich ab, nahm das dritte Holzstückchen aus dem Tuch. Auf keinem Gesicht der drei Frauen zeigte sich eine verräterische Regung.

»Und nun weiter«, sagte Flora und blickte auf ihre Armbanduhr. »Es wird Zeit. Habt ihr eure Autos unten vor dem Haus stehen?«

Isabell und Bettina nickten.

»Wie vereinbart verlassen wir alle die Wohnung, setzen uns in unsere Wagen, fahren Richtung Aschaffenburg. Nur diejenige, die das kurze Streichholz gezogen hat, wird irgendwann umkehren, Richtung Bahnhof Babenhausen.«

Schweigend gingen die drei die Treppen hinunter.

Der Himmel über Babenhausen sternenlos, dunkel. Es war eine kalte Nacht.

Flora, Isabell und Bettina stiegen in ihre Autos.

Fuhren los zur B 26 – Richtung Aschaffenburg, bogen nach links ab.

Nur eine kehrte nach einer Weile um – Richtung Darmstadt.

Es war Bettina.

Polizeibericht in der Babenhäuser Zeitung 26.05.2015:
In der vergangenen Nacht wurde Karin K. aus Babenhausen auf dem Weg vom Bahnhof zu ihrer Wohnung von einem unbekannten Autofahrer auf dem Gehweg erfasst und schwer verletzt. Der Fahrer flüchtete unerkannt.
Karin K. starb noch auf dem Weg in das Krankenhaus.
Die Polizei bittet dringend um Mithilfe, ob jemand den Vorfall beobachtet hat oder Hinweise auf den Unfallverursacher geben kann.

Spargelgemüse

Zutaten:
Spargel
Butter
Salz
evtl. Sahne

Zubereitung:
Spargel waschen und schälen
in vier bis 5 cm lange Stücke schneiden, unteres Ende
nicht verwenden.
Topf mit Salzwasser aufsetzen.
Wenn das Wasser kocht, den Spargel hineingeben.
20 bis 30 Minuten kochen vorsichtig in ein Sieb abschüt-
ten und dabei Kochwasser auffangen und daraus eine
weiße Soße mit Butter zubereiten.
Dann Spargelstücke unter heben.
Wer will, kann etwas Sahne zugeben.
Dazu reicht man Salzkartoffeln und Schinken.

Danke dem Heimat- und Geschichtsverein Babenhausen e.V.

PAULA BENGTZON/FENNA WILLIAMS

Gertruds Pokal

(Rheingau)

»Heinz!«

»Hier!«

»Martin!«

»Hier!«

»Max!«

Keine Antwort.

»Max«, rief Johann noch einmal.

»Ja, doch, ich bin ja hier. Direkt an der Quelle«, antwortete der Gerufene und kehrte mit einem Glas besten Rieslings und einem dick belegten Fleischwurstbrötchen vom Weinstand zurück zu seinem Team. »Schließlich braucht man, um eine Weinwanderung durchzuhalten, entsprechende Wegzehrung.«

Johann verzog das Gesicht. »Wir wollten doch diesmal unsere Startzeit einhalten und nicht erst wieder loslaufen, wenn unsere Frauen aufgerufen werden.« Er seufzte. »Bitte Männer: mehr Disziplin als im letzten Jahr. Wir hatten uns doch darauf geeinigt, dass wir erst am Eingang zum Steinberger Weinberg eine Pause einlegen. Dort wartet auf jeden von euch eine gute Rieslingsuppe und dazu eine dicke Wingertsknorze.«

»Du hast so was vorgeschlagen, aber ich kann mich nicht erinnern, dem zugestimmt zu haben. Ich brauche erst den Tiger im Tank. Dann laufe ich wie geschmiert. Sogar all die Kilometer bis zur offiziellen Verpflegungsstation am Steinberger Weinberg.«

»Also, wenn Max …, dann will ich auch«, sagte Heinz und strebte ebenfalls Richtung Weinstand.

»Wo ist denn bloß mein Glas, eben war es doch noch hier.« Martin, mit seinen fünfundfünfzig Jahren der

Jüngste der Wandertruppe, kniete sich auf den Rasen und wühlte in seinem Rucksack. »Hoffentlich hat Gitte nicht vergessen mir eines einzupacken.«

Johann warf seine ganze Autorität in die Waagschale. »Ruhe, verdammt! Es ist wichtig zu Anfang einer so anstrengenden Tour sicher zu sein, dass jeder von uns auch wirklich an Bord ist, körperlich und geistig, und fit genug. Ihr wisst, was auf dem Spiel steht: Wir wollen den Wein-Wanderpokal zurück! Dafür müssen wir den diesjährigen Rundweg als Erste bewältigen: Vom Ausgangspunkt hier auf der Bubenhäuser Höhe über Kiedrich und Kloster Eberbach bis zum Schloss Vollrads. Von dort aus zurück durch den Wald bis zum *Rausch* und über Rauenthal wieder hierher zurück. Wir müssen unterwegs alle Weine der teilnehmenden Winzer verkosten und beschreiben. Das sind für jeden von uns mindestens zehn Weine entlang der Strecke. Das ist keine Kleinigkeit. Also bitte bleibt nüchtern, bis ich euch alle aufgerufen habe.«

Die anderen scharten sich wieder um ihn und er sagte: »Wo war ich stehen geblieben? Genau. Siggi?«

»Ah, hier ist es!« Martin hielt triumphierend sein Weinglas in die Höhe.

Johann stöhnte. »Siggi?«

»Hier! Auch durstig!«, rief Siggi, und verschwand, um sein Glas am Weinstand auffüllen zu lassen. »Ich kann auch gut mit elf Piffchen im Schädel gewinnen.«

»Willi?«

»Hier! Aber gleich nicht mehr, dann ziehe ich alleine los. Bis ihr in die Pötte kommt, sind unsere Frauen schon am Ziel. Ich habe nicht vor, hier zu versauern und den Weibern noch mal den Sieg zu überlassen. Ich will den Pokal und dafür muss ich mit möglichst vielen Stempeln von Winzern zurück nach Hause kommen. Auf jeden Fall mit mehr Stempeln als Gertrud.« Willi drehte sich auf dem Absatz um und stapfte los.

Die anderen guckten ihm sprachlos hinterher. Siggi kam mit seinem vollen Weinglas angelaufen. »Was ist denn mit Willi ...?«

»Panik?«, fragte Heinz.

»Schlechter Verlierer. Dem tut es bis heute weh, dass Gertrud ihm letztes Jahr den Pokal vor der Nase weggeschnappt hat«, vermutete Martin.

Johann räusperte sich. »Wenn ich meiner Rita glauben darf, dann tut es eher Gertrud bis heute weh. Er hat sich wohl nach ihrem Sieg im letzten Jahr nicht gerade wie ein Gentleman verhalten.«

»Eine Schande ist das.« Heinz schüttelte den Kopf. »Eine wahre Schande.«

»Er hat sogar verlangt, dass der Pokal vom Kaminsims im Wohnzimmer verschwindet, damit niemand sieht, dass wir nur Zweiter geworden sind.«

»Gertrud hat ihn daraufhin ins Schlafzimmer gestellt.« Martin kicherte. »Danach ging gar nichts mehr ...«

»Martin, bitte – zu viel Information«, wehrte Heinz ab.

Max sah Willi sehr viel freundlicher nach als seine Kollegen. »Du bist eben nicht verheiratet, Heinz. Du weißt nicht, wie einem die Weiber zusetzen können. Reden. Reden. Reden. Immer wollen sie reden, ohne Pause. Da muss man schon mal Akzente setzen, wenn man zu seinem Recht kommen will.«

»Ach ja? Und wie würdest du dich fühlen, wenn ich bei dir dieselben Akzente setze?« Heinz baute sich vor Max auf: »Soll ich den Arzt vorher oder nachher rufen?«

»Jetzt lasst mal die Kirche im Dorf. Was Willi und Gertrud in ihren vier Wänden machen, geht uns nichts an.« Siggi sah sich Beifall heischend um, aber außer Max wollte ihm so recht niemand zustimmen.

»Lasst uns lieber zusehen, dass wir jetzt endlich hinter Willi herkommen.« Martin setzte seinen Rucksack auf und strebte seinem Teamkollegen nach.

»Er hat den Weinbergsteil der Route eingeschlagen. Das ist gut. Das war auch mein Plan. Solange wir noch frisch sind in der Sonne, später durch den kühlen Wald«, sagte Johann. »Unsere Frauen machen es bestimmt anders herum. Damit sind wir zumindest bis zur Verpflegungsstation vor ihnen sicher.«

»Und wir können von der gegnerischen Mannschaft nicht wieder überholt werden. Das war wirklich demütigend: Haben ihre Startzeit dreißig Minuten nach uns und ziehen trotzdem schon nach drei Kilometern an uns vorbei …«

»Guckt mal, der Willi ist schon am Gutsausschank *Baiken* vorbei, der legt ja ein ganz schönes Tempo vor«, sagte Siggi und zeigte den Hügel hinunter.

»Die Geschwindigkeit kann er nicht den ganzen Tag durchhalten. Niemals. Von Kräfteeinteilung hat der noch nie Ahnung gehabt.« Johann schaute auf seine Armbanduhr. »Damit ist er in Kiedrich, spätestens aber am Steinberger Weinberg platt.«

»Du kennst doch Willi«, sagte Siggi. »Er muss eben immer und überall der Erste sein, der Herr Elektromeister. Und ist er es nicht, dann sind wir schuld.«

»Nix ist scheißer als nur Zweiter …«, dichtete Max.

Martin lachte. »Lass ihn doch wenigstens schnell sein, er ist ja sonst nicht besonders helle.«

»Stimmt«, pflichtete Max bei. »Überall legt er Leitungen, aber dass ihm selbst mal ein Licht aufgeht …«

Die beiden grölten, als wäre dieser Witz reif für die Büttenrede im nächsten Karneval.

»Arme Gertrud«, murmelte Heinz. »Jemand müsste ihr wirklich helfen.«

»Mit *Jemand* meinst du doch sicher dich«, vermutete Siggi. »Kapier endlich: Wenn sie dich gewollt hätte, dann hätte sie dich genommen. Hat sie aber nicht.«

»Nix ist scheißer als nur Zweiter …«, wiederholte Max genüsslich.

»Ich hätte sie auf Händen getragen«, sagte Heinz.

Johann sah ihn skeptisch an. »So untrainiert, wie du bist, hättest du sie bestimmt fallen lassen – und wir wären wieder beim selben Ergebnis: blauen Flecken.«

Heinz lief schnellen Schrittes los, wie um zu beweisen, dass ungeahnte Reserven in ihm schlummerten.

»Wisst ihr eigentlich, dass Willi den Pokal mal in den Müll geworfen hat? Gertrud hat ihn in letzter Sekunde vor der Müllabfuhr gerettet. Seitdem hat sie ihn immer bei sich. In ihrer Handtasche«, erzählte Siggi, als sich endlich auch die anderen in Bewegung setzten.

»Das gibt dem Wort *Wanderpokal* seine wahre Bedeutung zurück«, scherzte Johann. »Ich fand das Ding schon immer zu klein geraten. Sachen, die in eine Damenhandtasche passen, sind nichts für Männer.«

»Emma Peel hatte immer einen Backstein in der Tasche«, erinnerte sich Martin. »Oder war das Tara King?«

»Wenn es mal ein Quiz gibt zum Thema: Was Frauen bei sich tragen, kann ich zwei ungewöhnliche Sachen angeben«, erzählte Siggi weiter, als hätte es keinerlei Unterbrechungen gegeben.

»Ach ja?« Max war ganz Ohr. »Was kann denn noch ungewöhnlicher sein, als ein Backstein und ein Wanderpokal?«

»In der Handtasche meiner Frau ist neben meinem antiken Korkenzieher auch noch eine Ausgabe von Shakespeares *Hamlet*. Wo immer wir sind, können wir eine Flasche öffnen und unseren Text lernen.«

»Shakespeare!« Max' Stimme klang verächtlich. »Kann eure Laienspieltruppe nicht mal was richtig Spannendes aufführen? Einen knackigen Krimi oder so etwas?«

»Mehr Krimi als Hamlet geht nicht«, meldete sich Martin. »Viele sterben, alle haben Schuld.«

»Gitte?«

»Hier!«

»Hilde?«

»Hier!«

»Uschi?«

Rita bekam keine Antwort. Die Frauen schauten sich suchend um. Aber rund um den Startplatz und auf der gesamten Bubenhäuser Höhe herrschte Volksfeststimmung und dichtes Gedränge. Alle zehn Minuten begab sich eine gutgelaunte Wandertruppe auf den Parcours, nachdem sie den Zeitnehmern angegeben hatte, ob sie erst über die Weinberge oder erst durch den Wald zu wandern gedachte.

»Beeilt euch, Mädels! Unsere Startzeit! Wir sind gleich dran. Wo ist denn bloß Uschi wieder? ... Na, gut, dann eben Gertrud.«

»Auch nicht da«, sagte Hilde. Gitte stöhnte auf. »Kann das nicht einmal von Anfang an klappen?«

»Immer mit der Ruhe. Wir sind Titelverteidiger. Wir wissen, wie es geht«, beruhigte Hilde.

Hinter einem Baum, am weitesten vom Trubel entfernt, tauchte plötzlich eine Hand auf, die ihnen zuwinkte.

»Da sind die beiden ja.« Rita setzte sich in Bewegung. »Uschi! Gertrud! Kommt rüber!«

»Was wollen die denn? Die sollen hierherkommen«, forderte Hilde. »Steig aus und wandre, heißt es, nicht *winke*!«

Uschi kam ihnen entgegen und stoppte die Damenriege: »Keine Kommentare, bitte. Verstanden? Ich hab Gertrud grad so weit, dass sie mitkommt.«

Die anderen schauten sich an. »Was ist denn ...?«

Uschi machte eine Faust und richtete sie auf ihr eigenes Auge. »Das ist – mal wieder.«

»Willi, das Aas.«

»Ja, wer denn sonst?«, fragte Uschi und marschierte wieder zum Baum zurück.

»Los jetzt, Gertrud, wir warten. Wir haben vor, den Pokal zu verteidigen, koste es, was es wolle ...«, rief Gitte in fröhlichem Ton.

»Das war jetzt nicht so gut. Denn, wenn wir gewinnen, hat Gertrud das ganze nächste Jahr wieder die Hölle auf Erden«, vermutete Rita, aber die anderen hörten ihr nicht zu. Sie hatten Gertruds Gesicht gesehen, als diese vorsichtig hinter dem Baum hervorlugte. Hilde stieß einen spitzen Schrei aus.

»Schlafzimmertür«, erklärte Gertrud und kam näher.

»Bei euch sitzen die Türklinken also auf Augenhöhe«, folgerte Hilde spitz. »War es nicht doch die Treppe?«

Uschi wedelte hinter Hildes Rücken mit den Armen.

»Ich hätte noch Teppichkante im Angebot, Gertrud«, sagte Rita, ohne auf Uschis Versuch zu achten, sie zum Schweigen zu bringen. »Und der Couchtisch war auch schon lange nicht mehr dran.«

Eine Träne rollte über Gertruds lädierte Wange.

»Willi. Es war Willi. Gertrud, sprich es endlich einmal aus«, forderte Rita und nahm die Freundin in den Arm. »Wir wissen doch sowieso Bescheid.«

Gertrud schluchzte. »Ich möchte im Erdboden versinken. Geht nur. So kann ich mich doch an keinem Weinstand sehen lassen. Und ... ich will gar nicht mehr gewinnen ... ich bleib hier.«

Die Frauen schauten sich fragend an.

»Nichts da«, sagte Hilde. »Wir gewinnen heute – und zwar alle zusammen. Verpassen wir Willi einen Denkzettel, den er nicht so schnell vergisst: Wir holen den Pokal.«

»Ich wäre eher dafür, direkt zum Scheidungsanwalt zu wandern«, schlug Gitte vor. »Wie lange willst du das denn noch mitmachen, Gertrud?«

»Nicht mehr lange.« Gertrud wischte sich die Tränen aus dem Gesicht und versuchte ein zaghaftes Lächeln. »Quäle nie ein Tier zum Scherz.«

»Meine Damen«, übernahm Hilde das Kommando, »Rucksäcke?«

Alle nickten.

»Pokal?«

Gertrud nickte. »Im Rucksack.«

»Dann auf zum Rachelauf!«

Bei ihrer ersten Station, nahe der Waldgaststätte *Rausch* oberhalb Eltvilles, waren die Frauen die einzigen Gäste. Auf ihre Frage an die dort ausschenkenden Winzer, ob ihre Männer gesichtet worden wären, schüttelten die nur den Kopf.

»Aha, unsere Männer gehen die Strecke im Uhrzeigersinn«, stellte Gitte fest. »Damit sind wir in der besseren Position. Wir haben am Ende nur noch den kurzen Anstieg auf die Bubenhäuser Höhe vor uns, aber die Jungs müssen noch ganz durch den Wald bis hoch nach Rauenthal und dann zurück zur Bubenhäuser Höhe. Ein ganz schöner Anstieg. Nach zehn Piffchen werden da die Beine schwer. Wäre doch gelacht, wenn wir sie dadurch nicht überholen.«

Die Damen verkosteten ihren Wein und beschrieben getreulich, was sie schmeckten. Gestärkt an Leib und Seele, mit hübschen Stempeln im Teilnehmerpass, wanderten sie weiter. Gertrud hatte die Spitze übernommen und gab das Tempo vor. Hilde dackelte als Letzte hinterher. »Nicht so schnell, Gertrud. Ich bin zwanzig Zentimeter kleiner als du ...«

»Lass sie doch. Das tut ihr gut. Wir verlieren sie ja nicht«, sagte Gitte. »Weiß sowieso nicht, wo die all den Frust über Willi hinsteckt.« Rita wischte sich den Schweiß von der Stirn.

»Die hätte lieber Heinz nehmen sollen.« Uschi seufzte. »Das ist mal ein netter Mann. Das sage ich auch immer meinem Max. Aber der nimmt sich den Heinz leider nicht zum Vorbild, der hat Willi-Tendenzen. Dem müsste auch mal ein Riegel vorgeschoben werden ...«

»Hättest du gleich zu Anfang machen sollen. Und Gertrud auch«, sagte Gitte.

»Hätte, wäre, wenn ...«, rief Gertrud, »Glaubt nicht, dass ich euch nicht höre.«

»Ist doch wahr«, schimpfte Hilde. »Aber wenn man's genau nimmt: Unsere Männer müssten alle mal richtig eingenordet werden ...«

Als die Frauenriege am Kloster Eberbach aus dem Wald trat, sahen sie Willi, der ein paar Meter vor ihnen die Landstraße entlang Richtung Verpflegungsstation marschierte. Die Frauen blieben stehen und guckten sich um, aber weit und breit war keine Spur von seinem Team.

»Wieso ist der nicht mit den anderen auf der Südroute?«, flüsterte Uschi. »Was macht der denn hier alleine?«

Gertrud schlug die Augen nieder und sagte leise: »Gewinnen, was denn sonst? Durch unerlaubte Abkürzungen. Ist ja keiner da, der ihn kontrolliert.«

»Und die anderen?«, fragte Hilde.

»Interessieren den ebenso wenig wie ich.« Gertrud zuckte die Schultern. »Geht ihr vor, ich will ihm nicht begegnen. Ich komm dann nach.«

»Nichts da. Den treiben wir bis Schloss Vollrads vor uns her. Direkt durch den Steinberger Weinberg.« Rita grinste. »Dann kann Willi mal erleben, was es mit dem berühmten Mikroklima dort auf sich hat. Dem wird schon noch genauso warm werden wie den Reben.«

Als die Frauen am großen Tor zu einem der berühmtesten Weinberge der Welt ankamen, füllte Willi eben den Bewertungsbogen für den Wein aus. Als sie sich ganz nah um ihn und das zum Tisch umfunktionierte Weinfass he-

rumstellten, drehte er sich um. »Na, auf euren Besen her-
geritten?«

Er knallte den Bewertungsbogen auf den Tisch, nahm
dem Kontrolleur den Stempel aus der Hand, um seinen
Pass zu vervollständigen, stürzte dann die Reste des
Weins mit einem Schluck herunter und lief direkt zum
schmiedeeisernen Tor des Weinbergs. Dabei schubste er
Hilde zur Seite und boxte Gertrud mit dem Ellenbogen in
die Rippen. Sie strauchelte zwei Schritte rückwärts, Uschi
direkt in die Arme.

»Was war das denn?«, fragte Gitte. »Ist der von allen
guten Geistern verlassen?!«

»Den umschwirren zu viele Weingeister, würde ich
sagen. Zu schnell und zu viel getrunken, da fallen die
in Rudeln über einen her und verwirren den Grips.«
Rita sah Willi mit zusammengekniffenen Augen nach.
»Was mich auf eine Idee bringt …« Sie machte den
anderen ein Zeichen, ihr zu folgen. Jede mit ein paar
Flaschen Wein unterm Arm nahmen sie die Verfolgung
auf.

»Geht ihr nur! Ich erledige Verkostung und Bewer-
tung«, rief Uschi ihnen nach, ließ sich unter einem Son-
nenschirm nieder und bestellte erst einmal Wein und eine
Rieslingsuppe mit Wingertsknorze.

»Meine Güte, langsam geht mir Willi aber auf die Nerven.« Johann sah sich wütend nach dem Wanderkollegen
um. »Ich dachte, wir hätten ihn spätestens in Kiedrich
wieder eingeholt. Aber nichts ist! Jetzt wissen wir doch
gar nicht, welche Weine er schon bewertet hat und welche
nicht!«

Max holte eine Wasserflasche aus seinem Rucksack
und nahm einen großen Schluck.

»Du wirst doch wohl nicht verdünnen?«, fragte Siggi
mit gespieltem Entsetzen.

Martin ließ sich auf einem großen Stein am Wegesrand nieder. »Wie weit noch? Ich glaub, ich hab mir eine Blase gelaufen.«

»Pflaster?« Siggi wühlte in seinem Rucksack herum. »Hilde hat mir bestimmt was eingepackt.« Er beförderte eine kleine Metallschachtel mit einem roten Kreuz darauf hervor und gab sie Martin. Der öffnete sie und verdrehte die Augen. »Ich glaub, deine Frau kann dich nicht leiden oder sie hat Humor.« Er hielt Siggi die Schachtel hin. Johann beugte sich darüber und lachte: »Ich würde sagen: beides!«

In der Schachtel lagen sechs Streichhölzer, eines davon ohne rotes Zündköpfchen. Daneben ein Zettel, auf dem stand: *Im Falle von Fußweh, Entkräftung oder Trunkenheit: Bitte auslosen, wer wen bis zur nächsten Station trägt.* Siggi nahm die Schachtel und warf sie in hohem Bogen zwischen die Rebstöcke.

»Hey, das ist Umweltverschmutzung.«

»Ja, aber das kann uns egal sein.« Siggi grinste. »Auf der Schachtel steht Hildes Name, nicht meiner.«

»Wo wart ihr denn so lange?«, fragte Uschi, als die anderen Frauen sich wieder zu ihr setzten.

»Du weißt doch: Mädels gehen immer zusammen auf die Toilette.« Rita sah die anderen bedeutungsvoll an; aber Uschi hatte ohnehin keinen Blick für etwas anderes als ihre Suppe. »Diesmal ist sie richtig gut, vergesst mal die Jungs und esst ordentlich.«

»Was meint ihr, wie weit die Männer schon sind?«, sagte Gitte.

»Nicht so weit. Dein Martin hat sich bestimmt längst seine Blase gelaufen. Das kann dauern, bis die hier auftauchen.«

»Und wo ist Willi jetzt hin?«, wollte Uschi wissen.

Hilde, Gertrud, Gitte und Rita wechselten einen Blick des Einverständnisses, dann sagte Rita: »Bei seiner letzten Weinprobe.«

»Ah. Na, dann haben wir ja wohl verloren.«

»Das Spiel ist erst zu Ende, wenn der letzte Ball gespielt ist.« Rita zeigte den Weg hinunter. »Guckt mal, wer da kommt! Unsere geschundene Männerherrlichkeit!«

Die Männer setzten sich zu ihnen. Martin zog seinen Wanderschuh aus. Gitte warf einen Blick auf die zerplatzte Blase an seinem Zeh und goss kurzerhand den Rest ihres Rieslings darüber. »Das desinfiziert.«

Martin schrie auf, aber die anderen konnten sich ein Grinsen nicht verkneifen.

»Wo ist denn Heinz?«, erkundigte sich Gertrud, als sie ihn nirgends entdecken konnte.

»Heinz?« Die Männer schauten ratlos in die Richtung, aus der sie gekommen waren. »Wo haben wir denn den jetzt verloren?«

Uschi zeigte in die entgegengesetzte Richtung und alle sahen Heinz aus dem Eingangstor zum Steinberger Weinberg treten. »Huhu, hier sind wir!«, rief sie.

»Ihr seid mir schöne Freunde«, schnaufte Heinz, als er bei ihnen anlangte. »Einfach so weiterzulaufen, wenn man nur mal hinter einem Baum verschwinden will. Könnt ihr nicht warten?«

Ehe Rita fragen konnte, wie die Männer das denn hätten bewerkstelligen sollen, wenn er doch aus der entgegengesetzten Richtung kam, klingelte Johanns Mobiltelefon. Umständlich fischte er es aus der Tasche. Die anderen rollten die Augen.

»Nur Diener müssen immer erreichbar sein«, murmelte Uschi.

Aber Johann hörte nichts, außer der Stimme aus dem Telefon. »Ja?«, fragte er ungläubig. Nach einer ganzen Weile stammelte er: »Was? ... Wo? ... Beim Schwarzen Häuschen? Mitten im Steinberger Weinberg? Ja ... genau, wir sind an der Verpflegungsstation. Sicher ... wir bleiben hier und warten.«

»Was ist denn?«, drängelte Rita.

»Gertrud«, Johann räusperte sich. »Gertrud, deinem Willi ist was passiert. Das war die Polizei ...«

»Warum rufen die dich an?«, fragte Gitte, bevor Gertrud etwas sagen konnte.

»Ich bin sein I.C.E. in seinem Handy«, erklärte Johann.

»Und das bedeutet?«, wollte Siggi wissen.

»In Case of Emergency ... Im Notfall anzurufen«, erklärte Johann.

»Und warum du«, fragte Siggi, »und nicht Gertrud?«

Die anderen schauten sich betreten an.

»Weil der Willi vor mir keine Schwäche eingestehen würde, lieber würde er sterben.« Gertrud wich dem Blick ihrer Freunde aus und drückte ihren Rucksack an die Brust, als wolle sie sich daran festhalten.

»Das müsste er dann ja wohl auch«, Hilde schüttelte den Kopf. »So selten, wie Johann sein Handy überhaupt eingeschaltet hat.«

»Ist Willi verletzt oder nur betrunken?« Rita nahm Gertrud beschützend in den Arm.

»Die Polizei hat gesagt, er wäre knapp mit dem Leben davongekommen, aber es sieht schlecht aus. Sehr schlecht.«

»Das fass ich nicht. Wie ist denn das passiert?«, fragte Martin.

»Der Polizist hat gesagt, Willi ist sternhagelvoll. Von oben bis unten durchtränkt von Wein, als hätte er unter einem Fass geduscht. Und danach hat er wohl nicht mehr gewusst, was er tut und ist auf die hohe Mauer des Steinberger Weinberges geklettert, runtergefallen - und ganz böse auf das Kopfsteinpflaster des Nutzungsweges gedotzt.«

Gertrud umklammerte Ritas Hand, Gitte warf ihr einen scharfen Blick zu und schüttelte ganz unmerklich den Kopf.

Uschi kratzte sich am Kopf: »Das mit dem Wein kann ich ja noch halbwegs nachvollziehen, aber die Mauer? Wer klettert denn in dem Zustand noch freiwillig auf eine Mauer?«

Zwei Stunden später saßen die Wandervögel aufgereiht wie die Spatzen auf der Überlandleitung im Gang vor der Intensivstation der Horst-Schmidt-Klinken in Wiesbaden.

»Die könnten sich eigentlich meinen Fuß angucken«, sagte Martin und humpelte zur Stationsschwester hinüber, Leid im Blick.

»Ich muss mal!«, sagte Rita und guckte ihre Freundinnen an, worauf sich die anderen wie eine Eins erhoben und mitgingen.

»Halt die Tür zu«, forderte Rita Uschi auf, während Gitte jede der drei Kabinen kontrollierte, um sicherzugehen, dass sie allein waren.

»Was ist denn los?«, wollte Uschi wissen. »Wir können doch vor den Männern reden, die hören doch sowieso nie zu.«

Rita sah die Freundinnen ernst an. »Was wir dir jetzt sagen, bleibt unter uns.«

»Tut es doch immer«, sagte Uschi.

»Der Willi war so besoffen, weil wir den abgefüllt haben.«

Uschi blieb der Mund offen stehen. »Häh?!«

»Wir haben ihn abgefüllt, bis es ihm zu den Ohren wieder rauskam.«

»Mit ein paar Flaschen Riesling.«

»Schnell und erbarmungslos.«

»Freiwillig hat er das nicht gemacht. Jetzt kapiert?«

Uschi nickte. »Reife Leistung, wo er doch den Hals sonst nie vollkriegen konnte.«

»Aber wir haben ihn nicht über die Mauer geworfen«, erklärte Gertrud, die sich ihre angeschwollene Wange hielt, als hätte Willi eben erst zugeschlagen.

111

»Wie ist er denn dann rübergekommen?«

»Unfall schätze ich«, vermutete Rita. »Er war britze-breit, und Ende der Geschichte.«

Es klopfte zaghaft an die Toilettentür. Die Frauen stemmten sich wie ein Mann dagegen.

»Wer ist da?«, fragte Uschi.

»Ich bin es, Heinz. Der Arzt will mit Gertrud spre-chen.«

Sie öffneten die Tür und Gertrud zog Heinz rasch in den Toilettenraum. Uschi hielt die Tür wieder zu.

»Du kommst uns gerade recht. Hast du uns was zu sa-gen?«

Heinz schüttelte den Kopf, holte den Pokal aus seinem Rucksack und hielt ihn Gertrud hin. »Den hast du wohl verloren ... irgendwo im Weinberg.«

Gertrud starrte erst Heinz, dann den Pokal an.

»Oh!« Rita riss ihm den Pokal aus der Hand und ließ ihn in ihrem Rucksack verschwinden. Dann packte sie Heinz an den Schultern, als wolle sie ihn durchschütteln. »Raus mit der Sprache, mein lieber Freund und Kupfer-stecher. Du bist aus der falschen Richtung gekommen. Was hast du im Steinberger Weinberg gemacht?«

Heinz ließ den Kopf hängen. »Ich bin auf ihn losge-gangen, wie er es verdient hat. Ich hab ihn verprügelt. Da hat er versucht abzuhauen und ist rauf auf die Mauer, und plötzlich stand er da und ruderte mit den Armen und schreit mich an ... und schreit ... und schreit und dann ... war er plötzlich weg. Auf der anderen Seite.«

»Im wahrsten Sinne des Wortes«, bestätigte Hilde.

»Hast du ihn gestoßen?«, fragte Gertrud.

Heinz schüttelte den Kopf. »Nein, aber ich habe ihn auch nicht festgehalten.« Er atmete tief durch: »Ich geh dann jetzt zur Polizei.«

»Tust du nicht. Was man nicht gemacht hat, muss man auch nicht gestehen«, sagte Rita.

»Aber ich habe die Situation ausgenutzt und ihn ange-griffen.« Heinz ließ die Schultern hängen. »Ich verstehe immer noch nicht, wie er mit nichts als zehn Piffchen so sturzbetrunken sein konnte.«

Rita guckte in die Runde. »Willi hatte nicht zehn Piff-chen, der hatte eher zehn Liter intus – wir haben ihn besoffen gemacht.«

»Wie bitte? Kein Wunder, dass er ...«

»Eben.« Rita faltete die Hände und sah gen Himmel.

»Das war dann ja mal ein echtes Joint Venture«, sagte Hilde. »Wir haben ihn abgefüllt, du hast ihn verhauen, aber von der Mauer ist er selbst gefallen. Und deshalb re-det auch keiner mehr darüber und noch weniger gehen wir mit unserem Wissen zur Polizei.«

»Und wenn er stirbt?« Heinz war ein Bild des Jam-mers.

»So oder so!« Gertrud zeigte Haltung. »Ausziehen wird er in jedem Fall. Wenn er Pech hat, eben mit den Füßen voran.«

Rita nahm das Zepter wieder in die Hand. »Ab! Zu-rück zu den Männern, Heinz. Sonst fällt das noch auf.« Sie packte ihn regelrecht am Schlafittchen und schob ihn aus der Toilette.

»Aber Gertrud ... wenn ich Gertrud noch ...«

»Später«, kommandierte Rita.

»Und nicht vergessen: So bin ich grausam denn, um lie-bevoll zu sein«, deklamierte Hilde aus Hamlet.

»Machst du eigentlich auch mal was ohne diesen Shakespeare?«, fluchte Heinz, bevor sich die Tür hinter ihm schloss. Hilde zog sie nochmal einen Spaltbreit auf und zischte: »Nein, eher mache ich alles ohne meinen Siggi.«

Kaum war Heinz ein paar Meter den Gang entlanggelau-fen, zog Johann ihn zur Seite und flüsterte: »Was ist? Hal-ten die den Mund?«

Heinz nickte.

»Was wissen sie?«

»Alles.«

»Und wir? Wir decken dich jetzt, bis zum Ende aller Tage, weil du dich wie ein Pennäler prügeln musstest?«

»Nein. Du deckst deine Rita, Max seine Uschi, Martin die Gitte und Siggi seine Hilde. Und ich werde Gertrud beschützen.«

Johann machte große Augen. »Wieso das denn?«

»Du wirst nicht mehr ruhig schlafen, wenn ich dir das sage. Der Willi hat sich nicht alleine volllaufen lassen. Die haben den vollgepumpt. Ich sage nur: Wineboarding.«

Bevor Johann den Sinn der Worte erfassen konnte, hatte Heinz seinen Rucksack geschultert und strebte dem Ausgang zu.

»Was hat er denn?«, fragten Siggi und Max, stellten sich hinter Johann, und sahen über die Schulter des Freundes hinweg erstaunt zu, wie Heinz die großen Flügeltüren der Station aufstieß und aus ihrem Blickfeld verschwand. Martin kam mit bandagiertem Zeh herangehumpelt. »Würd ich auch gern wissen.«

»Angst.« Johann schluckte. »Er hat Angst. Wir haben ab jetzt alle Angst.«

»Wovor denn?«

»Vor der Wahrheit im Wein, Siggi. Der Wahrheit über unsere Frauen. Wir tun in Zukunft lieber, was sie sagen: Sonst enden wir alle wie ... Hamlet.«

Rieslingsuppe

Zutaten für etwa 6 bis 8 Portionen:
2 große Stangen Lauch
5 große Kartoffeln
1 Sellerieknolle
1 l Gemüsebrühe
0,5 l feinherben Riesling
1 Becher Sahne
Salz, Pfeffer

Zubereitung:
Den Lauch in circa 5 cm lange Stücke schneiden, waschen.
Die Sellerieknolle und die Kartoffeln schälen, waschen und würfeln.
Diese Zutaten 25 Minuten in der Gemüsebrühe kochen.
Die Kartoffelwürfel dürfen ruhig noch etwas Biss haben.
Den Riesling zugeben und aufkochen lassen.
Die Sahne zugeben und mit den Gewürzen abschmecken.

Wingertsknorze

Wingertsknorze sind Brötchen aus Roggen, die überall im Rheingau zu Handkäs' mit Musik oder Spundekäs' oder Suppe gereicht werden.
Der Name des knorzigen Brötchens weist auf Form und Farbe eines alten, verwachsenen Rebenholzes hin.

Zutaten für etwa 6 bis 8 Stück:
200 g Weizenmehl
300 g Roggenvollkornschrot
1 EL Salz
1 Päckchen frische Hefe
250 ml warmes Wasser
1 TL Zuckerrübensirup
20 g Butter
50 g Hagelsalz
2 TL Kümmel
40 g Röstzwiebeln

Zubereitung:
Weizenmehl und Roggenvollkornschrot auf einem Arbeitsbrett oder in einer Schüssel vermischen.
Die Hefe zerbröseln und in einem Teil des Wassers auflösen.
Eine Mulde in die Mehlmischung drücken und die Hefe-Wasser-Mischung hineingeben. Mit Salz, Zuckerrübensirup, Butter und dem Rest des Wassers zu einem Teig verkneten.
Zwiebeln goldgelb rösten und dazugeben.
Den Teig mit einem Tuch abdecken und an einem wohltemperierten Ort (z. B. Backröhre) circa 40 Minuten gehen lassen. Den Backofen dafür bei etwa 50 Grad kurz vorwärmen, aber wieder ausstellen, sobald der Teig hineingelegt wird.

Den Teig noch einmal durchkneten und zu Wingertsknor-
zen formen.
Auf ein mit Backpapier belegtes Backblech legen.
Die Knorzen mit einem Messer etwas einschneiden und
großzügig mit Hagelsalz und Kümmel bestreuen.
Die Teigstücke noch einmal abdecken und für weitere 30
Minuten gehen lassen.
Den Herd auf 220 Grad Celsius vorheizen.
Eine feuerfeste Schale mit Wasser füllen, auf den Boden
des Ofens stellen und während der Backzeit dort belassen
um genug Feuchtigkeit beim Backen zu gewähren.
Die Brötchen zwischen 25 bis 30 Minuten backen.

URSULA SCHMID-SPREER

Peters Leichen

(Kloster Eberbach)

Es gab Glückspilze im Leben und solche, die einfach immer nur Pech hatten – oder es sich zumindest einbildeten. Peter Baumgartner war so einer. Etwas über 23 Jahre alt und – Jungfrau. Er hatte einen Ausbildungsplatz bekommen; endlich! Nun wollte er sich von Muttis Schürzenzipfel lösen und auf eigenen Beinen stehen.

So machte er sich mit seinem altersschwachen Polo auf den Weg in den Rheingau Richtung Kloster Eberbach. Seine Mutti hatte einen Ausbildungsbetrieb gefunden, der es ihm ermöglichte, Winzer zu werden. Peter trank ganz gerne mal ein Gläschen Weißen Riesling und so dachte er, dass dies wohl die richtige Berufswahl wäre.

Wie praktisch, dass er zur Untermiete bei Tante Hilde in Eltville wohnen konnte.

Für die knapp 43 Kilometer Fahrt von seinem Heimatort Heidesheim, hatte ihm Mutti fünf dick belegte Brote, drei hart gekochte Eier, zehn Bethmännchen, zwei Schokoriegel, fünf Äpfel, eine Banane und eine große Kanne Kamillentee eingepackt. Man wusste ja schließlich nie!

Peter fuhr langsam. Er zuckelte auf der A 60 dahin, die nicht besonders befahren war. So konnte er sich seinen Gedanken hingeben. 23 Jahre war er jetzt und noch nie hatte er eine Freundin. Die Mädchen machten sich oft über seine tollpatschige Art lustig. Oder sie lästerten über seine dicke Kassenbrille. Auch der blaue Pullunder, den er doch so gerne trug, gab Anlass, über Peter zu kichern. Mutti hatte ihn gestrickt und außerdem sah man nicht gleich, wenn er geferkelt hatte.

Eine junge Frau hatte sich wohl mal aus Erbarmen mit ihm verabredet. Im Lokal orderte er sein Lieblingsgericht. Brotsuppe. Seine Begleiterin mochte weder die Suppe noch das Selleriegrün, das er großzügig darüber streute. So blieb sie nicht lange, um genau zu sein, gab sie vor, eine andere Verabredung vergessen zu haben und musste dringend weg. Welch ein Glück, dass er Mutti mitgebracht hatte, sonst wäre er ganz schön dumm dagestanden. Sein Nachbar, ein flotter Mittvierziger, der zufällig am Nebentisch saß, überreichte ihm augenzwinkernd einen Prospekt und meinte: »Vielleicht solltest du Mutti mal zu Hause lassen, Jungchen?«

Da dämmerte Peter, dass er im Bezug auf Mädchen wohl etwas falsch machte. Schnell ließ er den Prospekt in der Jackettasche verschwinden. Das war die Lösung! Und sein Geheimnis, das er von nun ab hütete, wie seinen Augapfel. Wenn die Mädchen nichts von ihm wissen wollten, dann würde er eben ...

Da, ein Wegweiser! Eltville und darunter Kloster Eberbach. Radio Rheinwelle 92,5 unterhielt ihn mit sanfter Musik. Tante Hilde wohnte in der Gartenstraße. Er las: Balduinstraße, überquerte die Schwalbacher Straße, bog links ab – und wusste nicht mehr, wo er war. Er fuhr in verwinkelte Gässchen mit Kopfsteinpflaster, fand sich am Friedhof wieder, bog in die Waldstraße ein und hatte sich nun endgültig verfahren.

Er hätte schwören können, dass er den Weg auch ohne Beschreibung finden würde. Als Kind war er mit seiner Mutti doch oft hier gewesen. Muttis Freundin aus Kindertagen hatte sich bereitwillig erklärt, dem Auszubildenden Peter ein Zimmer zu vermieten. Ihm war das recht, so musste er nicht lange nach einer Wohngelegenheit suchen. Tantchen gab ihm das Gefühl von Familienanschluss. Er kramte den Zettel mit der Wegbeschreibung nun doch hervor, wendete und folgte den Anweisungen genau. Nach etwa fünfzehn Minuten stand er am Hoftor von Hildes kleinem Häuschen in der Gartenstraße.

Sie musste wohl hinter der Gardine auf ihn gewartet haben, denn freudig eilte sie auf ihn zu und deckte den armen Peter mit einem Schwall Worte ein.

»Ich habe extra ne Brotsuppe gekocht. So wie du sie magst. Mit Selleriegrün und die Brötchenwürfel in Butter angebraten und kurz in Rinderbrühe aufgekocht. Sogar ein Eigelb habe ich reingegeben. Deine Mutti sagte mir, dass du die besonders gerne isst. Und einen Weißen Riesling habe ich auch gekühlt. Freust du dich?«

Tante Hilde hatte kein einziges Mal Luft geholt. Eifrig schob sie ihn in die gute Stube, wo ihn ein laut kläffender Dackel erwartete. Er sprang hoch und leckte Peter über das Gesicht. Gerade, als er sich setzen wollte, schob ihn Tante Hilde in sein Zimmer, blitzsauber und aufgeräumt. Die Fenster gaben einen wunderschönen Blick auf den Garten frei. Kirsch- und Apfelbäume standen in Reih und Glied und versperrten somit neugierige Blicke von außen. Von einem anderen Fenster aus sah man in Tante Hildchens Schlafzimmer, wenn man sich weit genug hinauslehnte.

Die Tage vergingen und Peter lebte sich rasch ein. Der Weinbetrieb forderte ihm einiges ab. Zimperlich durfte man hier nicht sein. Sein Ausbilder hatte einen derben hessischen Witz. So sagte der Mann mal zu ihm, dass ihn der liebe Gott wohl nach Feierabend gemacht hätte. Peter verstand nicht, was damit gemeint war, lachte aber mit, als der Ausbilder sich auf die Schenkel schlug und griente. So wurden die beiden gute Freunde. Einige der Azubinen lächelten ihn an – zu weiteren Kontakten kam es aber leider nicht. Er war einfach zu schüchtern. Abends hielt er sich zu Hause auf, ging nicht aus. Tante Hilde freute das; so war sie nicht mehr alleine beim Fernsehen. Peter ahnte natürlich, dass sie täglich mit seiner Mutti telefonierte und ihr genau Bericht erstattete, was er so alles trieb. Auch hatte er das Gefühl, dass es Tante Hilde nicht nur beim Betten machen und lüften beließ. Sie war sehr neugierig und stöberte in seinen privaten Sachen herum.

Er lernte fleißig. Wann immer er in sein Untermietszimmer kam, stand eine Thermoskanne mit Suppe auf dem Tisch. In einem Teller lagen die angerösteten Brotwürfel. Jeden Abend. Anfangs schmeckte es ja noch, aber dann? Tantchens Dackel schien das immer lecker zu finden, er vertilgte die Brotsuppe mit Genuss.

Hilde war sehr freundlich zu ihm, mütterlich besorgt. Sie behandelte ihn wie ihren kleinen Sohn. Deshalb konnte es sich Peter auch nicht erklären, warum sie auf einmal täglich spröder und zurückhaltender wurde. Der Fernseher verschwand aus dem Wohnzimmer, sodass die gemeinsamen Fernsehstunden entfielen. Tantchen zog sich in ihr Schlafgemach zurück und er hörte, wie sich ein Schlüssel im Schloss drehte. Auch die samstäglichen und sonntäglichen Spaziergänge zum Kloster Eberbach fanden nicht mehr statt. Dabei war das Kloster so sehenswert. Wie Google ihm verriet: eines der eindrucksvollsten Denkmäler mittelalterlicher Klosterbaukunst in Europa.

In der weitläufigen Anlage konnte man so schön spazieren. Und als Peter auch noch erfuhr, dass sein Lieblingsfilm *Der Name der Rose von Umberto Eco* dort gedreht worden war, wollte er sich immer wieder im Kloster aufhalten.

Seinem Ausbilder gegenüber erwähnte er einmal, wie gut es ihm dort gefiel.

»Das ist gut, Peter, dass dir das gefällt. Die Mönche haben den Weinbau über 700 Jahre kultiviert. Wusstest du, dass das Kloster Eberbach im Mittelalter das florierendste Weinhandelsunternehmen der gesamten Welt betrieb?«

Peter war ehrlich erstaunt.

»Da kannst es nachlese«, sagte der Ausbilder im schönsten Hessisch und drückte ihm eine Broschüre in die Hand. Und dann kommst du in den Weinberg. Du musst beim Anlegen der Pflanzenschutzmäntel helfen.«

Interessiert öffnete Peter die Broschüre. Er las: Bis heute zeugen die zwölf historischen Weinpressen im Laienrefektorium von den enormen Erträgen der klösterlichen Anbaugebiete. Dann erfuhr er noch etwas vom Rheingauer Weinkonvent und von Weinversteigerungen. Dieses Wissen wollte er gerne mit Tante Hilde teilen und vielleicht könnte sie ja auch mal die Brotsuppe mit einem Weißen Riesling verfeinern?

Das Verhalten von Hilde konnte er nicht deuten. Hatte sie sein Geheimnis entdeckt? Oder lag es daran, dass er die Suppe an den Dackel verfütterte? Er traute sich allerdings nicht, Tante Hilde auf ihr eigenartiges Verhalten anzusprechen.

Am späten Nachmittag kam er von der Arbeit nach Hause. Gut gelaunt, denn sein Ausbilder hatte ihm ein tolles Angebot gemacht. Er musste nur seinen ganzen Mut zusammennehmen und es Tante Hilde endlich sagen.

Sie thronte im großen Ohrensessel. Links und rechts standen zwei uniformierte Polizisten, die ihn scharf musterten.

»Du hast se all um die Eck gebracht!«, kreischte Hilde. »Wo hast du sie hingeschleppt? Doch wohl nicht in meinem Garten verscharrt?«

Beruhigend legte der Polizist seine Hand auf ihre Schulter. Sie warf Peter eine Zeitung vor die Füße. Mit einem gelben Leuchtstift war eine Überschrift angemarkert.

»Schon das dritte Mädchen in Eltville vermisst. Die 19-jährige Brigitte S., besonderes Merkmal: Knallrote Haare und Sommersprossen, ist am Wochenende, nach dem Besuch der Kirmes, nicht nach Hause gekommen.«

»Jeden Tag habe ich ein anderes Weib auf deinem Zimmer entdeckt, du Lüstling! Eine Rote, eine Schwarze, eine Braunhaarige, einfach widerlich! Weggehen habe ich sie nie gesehen!«, kreischte Hilde theatralisch.

»Herr Peter Baumgartner.« Das war keine Frage, sondern eine Feststellung. Peter konnte nur nicken. »Uns liegt eine Anzeige vor, dass Sie hier in dieses Haus heimlich Frauen mitbringen, die dann auf unerklärliche Weise verschwinden. Was sagen Sie dazu?«

Peters Mund stand ganz weit offen. Seine Augen waren riesengroß und traten fast aus den Höhlen. Drei Augenpaare sahen ihn an und wollten jetzt eine Antwort haben. Blitzschnell zogen Gedanken durch seinen Kopf, seine Augen wurden zu kleinen Schlitzen. Ein Grinsen machte sich auf seinem Gesicht breit.

»Kommen Sie, meine Herren, ich zeige Ihnen, wo ich die Leichen versteckt habe.«

»Habe ich es doch gewusst!« Behende sprang Tante Hilde auf. Das hätte man dem alten Mädchen gar nicht zugetraut, dass sie auf einmal so gelenkig sein konnte. Sie eilte auf Peters Zimmer zu.

»Nein«, sagte Peter bestimmt, und nochmals, »nein! Du bleibst draußen, Tante Hilde.«

Erschrocken wich sie zurück. Es dauerte aber nicht lange, bis sie sich von ihrem Schreck ob der brüsken Zurückweisung, erholte hatte. Sie schimpfte wie ein Rohrspatz.

»Kommen Sie, meine Herren.« Mit Nachdruck schloss Peter die Tür und eilte zum Schrank, den er ein bisschen nach vorne schob. Mit den Fingern zog er an einem Stein. Dahinter kam ein Loch im Mauerwerk zum Vorschein.

»Den lockeren Stein habe ich zufällig mal entdeckt, eignet sich hervorragend als Geheimversteck. Vor allen Dingen, wenn man so eine neugierige Wirtin hat wie ich«, meinte Peter entschuldigend. »Ich bin es nämlich leid, zuerst von meiner Mutter und jetzt von Tante Hilde kontrolliert zu werden. Das sagt auch mein Ausbilder.«

Diesmal war es an den Polizisten, staunend die Augen aufzureißen, als Peter eifrig das Päckchen auseinanderfaltete und zu blasen begann.

»Voila, hier sind die Leichen! Das sind Beate-Uhse-Puppen. Sehen Sie, eine mit roten, eine mit schwarzen und eine mit braunen Haaren. Sie sehen sehr echt aus, nicht wahr?« Dann trug er die *Rote* zum Fenster. Im selben Moment hörte man einen schwachen Schrei.

»Das war Tante Hilde«, stellte Peter fest. »Sie kann von ihrem Schlafzimmerfenster aus, wenn sie auf einen Stuhl steigt und sich hinauslehnt, über die Ecke in mein Zimmer blicken. Und aus der Ferne hat sie wohl geglaubt, dass ich Mädchen hier habe. Nur kommen und weggehen hat sie die Damen nicht mehr gesehen. So kam sie wohl auf die Idee, dass ich sie heimlich her- und dann umgebracht habe. Dabei wollte ich an den Puppen doch nur üben. Dazu kam, dass ich Tantchen in der letzten Zeit ein paar Mal im Garten geholfen und Beete ausgestochen habe. Wahrscheinlich dachte sie, dass ich die Leichen dort vergraben und entsorgt habe.«

Die Polizisten kicherten, erst dezent, dann immer lauter. Peter stimmte mit ein und lachte ebenfalls glucksend. Als er dann die Tür öffnete, ertönte ein lautes *Aua*. Tante Hilde, die blitzschnell das Schlafzimmer verlassen hatte, um zu lauschen, rieb sich die Stirn. Er hatte sich schon gedacht, dass die neugierige alte Dame durch das Schlüsselloch spionieren würde.

»Sieh her, Tantchen, das sind meine Weiber, die du immer bei mir gesehen hast. Von wegen, ich wäre ein Mörder. Dass du so etwas von mir denkst! Und weißt du was? Du kannst jetzt einen anderen Lehrling ausspionieren und ihm deine Brotsuppe anbieten. Ich ziehe mitsamt meiner Puppen zu meinem Ausbilder!«

»Der Bub ist erwachsen geworden«, kreischte Hilde. »Steht mir bei! Ich muss sofort seine Mutti anrufen und Brotsuppe kochen!«

Brotsuppe

Die hessische Brotsuppe eignet sich hervorragend zur Resteverwertung. Das ist bis heute so. Altbackene Brötchen werden zunächst gewürfelt und in Butter angebraten. Anschließend kochen die Würfel kurz in deftiger Fleischbrühe. Verfeinert wird die Suppe mit Sahne und Eigelb und abgeschmeckt mit geriebenem Muskat und frischem, gehacktem Selleriegrün.

Zutaten:
1 l Fleischbrühe
60 g Butter
6 altbackene Brötchen
Zucker und Zimt (nur auf Wunsch)
Schnittlauch oder Selleriegrün

Probieren Sie es doch einfach mal aus: Brühe und Riesling mischen und genießen ...

ALEX CONRAD

Todeskranz

(Bad Homburg)

Niklas warf den Flyer der Saalburg mit dem Angebot für ein Römeressen in Adrians Briefkasten. Heute Abend in der Kneipe würde er geschickt das Thema darauf lenken und schon wäre Adrian überzeugt, dass alles seine Idee wäre.

»Ich gehe mal für kleine Mädchen.« Doreen gab Adrian einen Kuss auf die Stirn.

Der Neid zog an Niklas' Magenwand und kurz zuckten die Mundwinkel, bevor er näher zu Adrian rückte. »Sag mal, hattest du auch eine Werbung der Saalburg im Briefkasten? Die lassen sich da echt was einfallen.«

Adrian nickte. »Römeressen hat was.«

»Wäre das nicht etwas für eine Überraschungsfeier zu Doreens Geburtstag?«, fragte Niklas lächelnd.

»Warum eigentlich nicht? Wäre mal was anderes.«

Niklas klopfte ihm auf die Schulter. »Du hast aber auch immer tolle Ideen, und wenn du Hilfe brauchst ...«

»Das wäre cool. Du weißt ja, was ich alles um die Ohren habe.«

Verschwörerisch zwinkerte Niklas ihm zu. »Mach ich gerne und Inga wird mir bestimmt helfen. Und jetzt Themenwechsel, Doreen kommt zurück.«

Gleich am nächsten Tag trafen sich Niklas und Inga in einem Café in der Fußgängerzone und besprachen die Details. Als sie gemeinsam das Café verließen, meinte Niklas: »Findest du es nicht auch komisch, dass Adrian uns die Organisation für das Fest überlässt?«

»Was willst du damit sagen?«

Die Sonne schien Niklas ins Gesicht und er kniff die Augen zusammen. »Krise. Ich sage nur Krise.«

Mit schief gelegtem Kopf blickte Inga ihn an. »Ich wusste es. Du machst dir immer noch Hoffnungen.«

»Und wenn?«

»Vergiss es einfach. Und tu mir den Gefallen: keinen Stress mit Adrian auf der Feier.« Inga klopfte ihm auf die Schulter. »Schick mir die Einladungsliste, damit wir sie abgleichen können.«

»Ja, bis dann«, verabschiedete sich Niklas. Der Stress käme spätestens, wenn er Doreen zum Nachtisch als Überraschung den Frankfurter Kranz überreichte. Doreen würde ausflippen vor Freude beim Anblick ihres Lieblingskuchens. Ihr bezauberndes Lächeln gehörte dann nur ihm und für Adrian bliebe ein vernichtender Blick.

Einige Tage später, Niklas war gerade dabei, die Liste an Inga abzuschicken, klingelte sein Handy. »Was gibt's, Adrian?«, meldete er sich.

»Du hast sie doch nicht mehr alle! Römeressen ist cool, aber Kleider anprobieren und mit Bogen schießen? Vielleicht auch noch ohne Besteck essen, was?«

Niklas holte Luft. »Normalerweise isst man ganz normal mit Besteck, aber ich dachte, du wolltest es authentisch.«

»Mir egal, ob authentisch oder nicht, keinen Firlefanz, und bestimmt wird Doreen nicht mit den Fingern essen, so einen Anblick finde ich eklig. Verstanden?«

»Ich mache dir einen Vorschlag. Wir können morgen Vormittag zusammen zur Saalburg hochfahren und dort alles besprechen.«

»Okay, dann hol ich dich um elf ab.« Ohne ein weiteres Wort abzuwarten, hatte Adrian aufgelegt.

»Darauf einen Kaffee«, murmelte Niklas und ging in die Küche. Sein Plan lief besser als gedacht. Doreen würde bestimmt erwarten, dass die Feier mitten in der Stadt stattfände mit anschließendem Besuch in einem Club.

Die Sonne stand schon tief, als Niklas in der Innenstadt von Bad Homburg bei seinem Lieblingskonditor den Frankfurter Kranz bestellte. Anschließend erstand er in einer kleinen Boutique in der Fußgängerzone ein rosé gemustertes Seidentuch, das Doreen bestimmt gefallen würde und perfekt zu ihren blonden Locken passte.

Auf dem Rückweg schlenderte er durch den Kurpark und an den Tennisanlagen vorbei, als er seinen Augen nicht traute. Das durfte doch nicht wahr sein! Adrian, Arm in Arm mit einer unbekannten Frau. Galant öffnete er ihr die Beifahrertür und stieg dann selbst auf der Fahrerseite ein. Niklas blähte die Backen auf. Statt dass der Wagen losfuhr, startete da offensichtlich eine wilde Knutscherei. Du hast Doreen echt nicht verdient und jetzt habe ich dich endgültig an den Eiern, freute er sich. »Das ist meine Chance, und die werde ich nutzen«, murmelte Niklas.

Am nächsten Morgen stand Adrian pünktlich bei Niklas vor der Tür. »Wollen wir?«

»Diese Kutsche verschlingt doch Unmengen an Sprit, oder?«, fragte Niklas.

»Schon, aber so ein SUV ist halt einfach cool.« Adrian beschleunigte auf der Landstraße und fuhr vorbei an Kirdorf.

»Du musst mir nicht zeigen, wie schnell deine Karre ist.« Niklas krallte seine Hände um den Sitz.

»Angst?« Adrian grinste ihn von der Seite an.

»Einfach nur unnötig«, brummte Niklas.

Rasant bog Adrian links in die Einfahrt zur Saalburg ein. »In dem Flyer stand, dass sich das römische Restaurant im Museumsteil befindet, also am Gasthof vorbei, richtig?«, fragte Adrian.

Niklas nickte. »Ja, hinten der zweite Parkplatz.«

Gemeinsam gingen sie hinein und wurden von einem Mann empfangen. »Guten Tag, was kann ich für Sie tun?«

Niklas antwortete: »Wir wollten heute das Römeressen für nächste Woche abstimmen.«

»Ach, Sie sind das, Mogers mein Name. Mit wem von Ihnen hatte ich telefoniert?« Niklas ging einen Schritt vor. »Das war ich. Und die Idee stammt von meinem Freund.«

Mogers grinste. »Das ist immer eine tolle Überraschung. Ich zeige Ihnen zuerst die Räumlichkeiten und dann einige Fotos von den letzten Veranstaltungen, damit Sie einen Eindruck bekommen.«

Nachdem sie im Gastraum die Fotos gesehen hatten von Bogenschießübungen und Gästen in römischen Gewändern, wurde Adrian sichtlich unsicher und zupfte immer wieder an seiner Unterlippe. »Vielleicht ist das doch keine so gute Idee.«

Niklas schluckte. Sein Plan schien sich in Luft aufzulösen. »Weißt du was? Vielleicht hast du recht. Mach einfach nur das Römeressen, aber ohne was dazu.« Er drehte sich zu Mogers um. »Das geht doch, oder?«

»Wir erfüllen alle Wünsche. Haben Sie schon das Essen ausgewählt?«

Adrian antwortete: »Ich denke, von allem etwas. Also diese römischen Vorspeisen mit dem Kräuterkäse und dann verschiedene Fleischgerichte.«

Niklas beugte sich vor. »Was gibt es eigentlich zum Nachtisch?«

»Wie wäre es mit Obst?«, schlug Mogers vor.

Mit einem Blick auf die Uhr stand Adrian auf. »Was auch immer, ist mir recht.«

»Vielleicht als Fruchtspieß?«, warf Niklas ein.

»Klingt gut, Niklas, aber jetzt müsste ich auch wieder.«

Niklas verkniff sich das Grinsen, das sich auf seinem Gesicht ausbreiten wollte. Besser hätte es nicht laufen können.

Adrian raste den Berg hinunter.

»Hast du noch was vor?«, fragte Niklas, während ihn die Geschwindigkeit in der Kurve gegen die Tür drückte.

»Geht dich eigentlich nichts an, aber ich muss zum Tennis.«

»Training oder Spiel?«

»Mann, manchmal kannst du echt nerven. Ich habe eine Spielverabredung mit einem Kumpel.«

Sicher … von wegen Kumpel. »Wenn du mich am Tennisplatz rauslässt, dann laufe ich durch den Kurpark zurück.«

»Wie du willst«, brummte Adrian und bog zum Parkplatz ein. »Ist noch was?«, fragte er, als er den Motor ausmachte.

Niklas stieg aus. »Du holst Doreen ab und fährst mit ihr hoch zum Kastell, während wir alle schon da sind. Okay?«

Nickend schnappte Adrian seine Tennistasche aus dem Kofferraum. »Genau. Bis dann.«

Niklas ging Richtung Park und duckte sich hinter das Gebüsch. Nach wenigen Minuten kam die Frau vom letzten Mal um die Ecke, rannte zu Adrian und sie küssten sich leidenschaftlich. »Du hast Doreen die längste Zeit gehabt«, murmelte Niklas grinsend.

Am Tag der Feier schlenderte Niklas zur Konditorei und holte den Frankfurter Kranz. Sorgsam packte er ihn in den Kofferraum, warf einen prüfenden Blick auf das hübsch verpackte Tuch und fuhr gemächlich zur Saalburg.

Inga bog gerade vor ihm auf den Parkplatz ein und er stellte sich neben sie. Mit einem Kuss auf die Wangen begrüßte er sie.

»Hi, Niklas. Es sind wohl schon einige da, wenn ich mir die vielen Autos so ansehe.« Sie nahm ihr Geschenk vom Sitz. »Wollen wir?«

Niklas schnappte sein Päckchen aus dem Kofferraum und warf einen liebevollen Blick auf die Torte. »Ja, ich bin so weit.«

Gemeinsam gingen sie hinein.

Nach einer halben Stunde waren alle eingeladenen Freunde da und nahmen einen ersten römischen Umtrunk, als Niklas auf die Uhr sah. »Hört mal alle her«, erhob er seine Stimme. »In wenigen Minuten müsste Adrian mit Doreen ankommen. Gehen wir doch alle vor die Tür und empfangen die beiden.«

Kurz danach sah Niklas, wie Doreen Händchen haltend mit Adrian den Weg entlangkam.

»Überraschung!«, rief Niklas und ging ihnen lächelnd entgegen.

Doreen blieb stehen und blickte ihn lange an. »Hast du dir das ausgedacht?«

Kopfschüttelnd deutete Niklas auf Adrian. »Nein, er hatte die Idee. Und jetzt«, er nahm sie in den Arm, »herzlichen Glückwunsch.«

Sie lächelte ihn an. »Und da vorne … da sind ja alle. Ach, ist das schön.« Sie löste die Hand von Adrian, lief ihren Freunden entgegen und fiel zuerst Inga in die Arme. »Toll, dass du auch da bist. Ich dachte schon, ich würde hier oben, so weit weg vom Schuss, den Abend allein mit Adrian verbringen.«

Inga zog die Augenbrauen hoch. »Wäre das so schlimm?«

Doreen flüsterte ihr ins Ohr: »Nein, aber für ein romantisches Dinner zu zweit wäre die Location nicht mein

Traum. Aber so …«, sie trat einen Schritt zurück und hob die Stimme: »Cool, dass ihr alle hier seid. Ich freue mich riesig. Wo gibt es was zu trinken?«

Nachdem die Vorspeise abgeräumt worden war, fing Doreen an, die Geschenke auszupacken. Mit strahlenden Augen betrachtete sie das Tuch von Niklas, legte es sich gleich um und küsste ihn sanft auf die Stirn. »Danke«, hauchte sie.

Da waren sie, die Grübchen, auf die er so gewartet hatte. Glücklich prostete Niklas ihr zu.

Die leeren Tontöpfe der Hauptspeisen wurden abgeräumt.

»Nicht unbedingt das, was ich mir für heute vorgestellt hatte, aber bisher lecker«, raunte das Geburtstagskind Inga zu, die links von ihr saß. »Ich hoffe jetzt nur noch, dass Adrian bei der Bestellung des Nachtisches daran gedacht hat, dass ich von rohem Obst Magenschmerzen bekomme.«

Niklas hatte die letzten Brocken des Gesprächs aufgeschnappt. Alles lief wie geplant. Doreen würde enttäuscht sein und er wäre dann der Retter mit dem Kranz.

»Was grinst du so?« Inga knuffte ihn in die Seite.

»Nichts. Aber ich muss mal an die frische Luft.« Niklas ging hinaus und holte die Torte aus dem Kofferraum, die er unauffällig neben den Eingang unter einen Tisch stellte. Kaum saß er wieder, wurden die großen Schalen mit den Obstspießen hereingetragen.

Doreen riss die Augen auf und schnappte hörbar nach Luft. »Super Idee, Adrian. Wirklich prima. So wenig kennst du mich?«

»Aber Schatz, ich … ich …«

»Du hast jetzt Pause», raunte Niklas Adrian zu und schubste ihm den Ellenbogen an die Schulter, als er mit dem Frankfurter Kranz hinter Doreen trat. »Beruhige dich«, sagte er sanft. »Ich kenne doch deine Vorlieben.« Lächelnd öffnete er den Tortenkarton und stellte ihn vor sie.

Doreen strahlte. »Ach Niklas, das ist ...« Sie umarmte ihn und drückte ihm ihre weichen Lippen auf seinen Mund. »Meine Lieblingstorte.«

»Das darf doch nicht wahr sein«, schrie Adrian und sprang auf. »Du hinterhältiger Mistkerl. Du hast das doch alles geplant.« Polternd fiel sein Stuhl um und er stürzte auf Niklas zu.

»Du hast sie nicht verdient. Erzähl Doreen doch mal, mit wem du beim Tennisplatz rumknutschst.«

Adrian verzog das Gesicht zu einer Fratze, grapschte eine Gabel vom Tisch und versuchte, auf Niklas einzustechen.

Abwehrend hob Niklas seine Hand und schlug gegen Adrians Arm. Adrian wankte, fiel seitlich um, beim Sturz die Gabel noch fest umklammert. Mit dem Kopf schlug er an der Stuhlkante auf und die Gabelzinken rammten sich in seinen Hals. Er glitt zu Boden.

Niklas bückte sich zu ihm hinunter. »Mensch, Adrian, sag was.« Er drehte ihn auf den Rücken und schrie auf, als ihm pulsierend das Blut ins Gesicht spritzte.

»Einen Arzt, hol doch einer einen Arzt!«, brüllte Doreen und packte schluchzend Adrians Hand.

Der Notarzt konnte nur noch den Tod feststellen. Es war zu spät. »Es tut mir leid«, wandte sich der Arzt an Doreen, »aber selbst wenn ich danebengestanden hätte, wäre er nicht mehr zu retten gewesen. Der Blutverlust kam zu rasch.«

Inga trat hinter Niklas, der schweigend auf dem Boden saß. »Mensch, Niklas, es war ein Unfall und auch wenn du ihn provoziert hast, trägst du keine Schuld.«

Niklas hob den Kopf. »Ich wollte ja ohne Besteck, doch er …«

Schallend krachte ihm Doreens Hand ins Gesicht. »Wusste ich doch, dass sich Adrian das nie allein ausgedacht hätte.«

Niklas rieb sich seine brennende Wange. »Aber Doreen, ich wollte doch nur …«

»Ich weiß, was du wolltest, Niklas. Ihn vor mir bloßstellen, dabei geht dich unsere Beziehung einen Scheißdreck an.« Doreen starrte ihn mit hochrotem Gesicht an. »Und nur darum ist er auf dich losgegangen. Das verzeihe ich dir nie!«

Frankfurter Kranz

Rührteig
Zutaten:
200 g Butter
200 g Zucker
1 Päckchen Vanillezucker
1 Prise Salz
abgeriebene Schale einer halben Zitrone
3 Eier
1/8 l Milch
500 g Mehl
1 Päckchen Backpulver

Zubereitung:
Zucker und Butter schaumig rühren, Vanillezucker, Salz,
Zitronenschale und Eier nacheinander unter ständigem
Rühren (pro Ei vier bis fünf Minuten) dazugeben. Mehl
mit Backpulver mischen und abwechselnd mit der Milch
unterrühren. Der fertige Teig muss schwer vom Rühr-
löffel reißen. In eine Napfkuchenform füllen und bei
170 °C Umluft 45 bis 55 Minuten backen. 10 Minuten
stehen lassen, aus der Form nehmen und vollständig aus-
kühlen lassen (kann auch am Vortag gebacken werden).

Füllung
Zutaten:
250 g Butter, 200 g Puderzucker, 2 bis 3 Eigelb, 1 Päckchen Vanillezucker, Aprikosenkonfitüre, gehackte Hasel-
nüsse oder Mandeln, kandierte Kirschen.

Zubereitung:
Butter schaumig rühren und nach und nach Puderzucker,
Vanillezucker und Eigelbe unterrühren.

Den Kranz zwei- bis viermal quer durchschneiden, mit Buttercreme und Konfitüre bestreichen, wieder zusammensetzen und außen mit Buttercreme bestreichen. Die Nüsse in der Pfanne rösten, abkühlen lassen und den Kranz damit bestreuen. Zum Abschluss mit den kandierten Kirschen verzieren.

ANNE HASSEL

Mörder unter sich

(Limburg)

»Du musst sie umbringen!« Lars sah mich mit zusammengekniffenen Augen an.

Ich kannte diesen Blick. Er signalisierte, dass jede Diskussion überflüssig schien.

Doch ich war nicht bereit das auszuführen, was Lars verlangte. Nicht jetzt und nicht heute!

»Nein! Ich denke gar nicht daran …«, fing ich an.

»Das interessiert mich nicht!«, unterbrach er mich. »Es war abgemacht, dass wir abwechseln. Das letzte Mal brachte ich eine um. Du kannst dich vielleicht noch erinnern, dass das nicht gerade einfach gewesen war! Wie die sich gewehrt hatte … zu fliehen versuchte.« Lars schnaufte theatralisch.

»Nicht so richtig«, sagte ich, obwohl ich mich genau erinnern konnte und hüstelte. »Bist du sicher?«

Lars antwortete nicht, doch ich ahnte, was er dachte.

Deshalb ging ich zu ihm, legte meine Hand auf seinen Arm und lächelte.

»Ach ja. Jetzt fällt es mir wieder ein! Das war doch letzten Freitag, kurz vor dem Gewitter, oder?«

Lars nickte.

»Aber du hast sie dann doch erledigt. Du bist gut, viel besser als ich.« Ich versuchte mit Komplimenten, dass er vielleicht von dem ausgemachten »einmal du – einmal ich-Prinzip« Abstand nehmen würde. »Deshalb könntest du ja auch … ich würde mich sehr freuen …«

»Nein!« Es klang barsch, laut, endgültig.

»Aber du weißt doch, ich bin so sensibel«, fing ich wieder an, wollte nicht aufgeben.

»Aha! Jedoch nicht sensibel genug, der alten Frau Maier aus dem Parterre den Rollator zu verstecken und um dich anschließend köstlich zu amüsieren, als die Ärmste über die Türschwelle gestolpert und der Länge nach hingefallen ist.«

»Die hat es auch verdient, die olle Schrapnelle! Wie die alle hier im Haus schikaniert und nie ein gutes Wort für jemanden übrig hat«, verteidigte ich mich.

Anstatt besänftigt zu sein und meine Argumente zu akzeptieren, die durchaus etwas für sich hatten, fuhr Lars unerbittlich fort: »Also, mir tat die Maier leid. Und wenn ich auch noch daran denke, wie du letzten Dienstag um ein Haar den Fußgänger umgenietet hättest!«

Jetzt reagierte ich sauer. So richtig sauer.

»Der war selbst schuld!«, rief ich und meine Stimme überschlug sich. »Läuft bei Rot über den Fußgängerüberweg und regt sich dann noch darüber auf, als ich nur ein bisschen hupe! Motzt mich an! Richtig boshaft!«

»Von wegen ein bisschen aufgeregt! Du hättest dich mal sehen sollen. Reine Mordgier stand in dein Gesicht geschrieben, als du die Autotür aufgerissen und geschrien hast, du könntest den Verkehrssünder ob eines solchen Verhaltens ohne Gewissensbisse um die Ecke bringen. Deine Worte will und kann ich nicht wiederholen, meine Liebe. Wegen unflätigen Verhaltens und Beleidigung könnte dich der Mann glatt anzeigen. Dabei ist der Ärmste vielleicht farbenblind! Das liest man ja heute öfter und irgendwie hatte ich auch so den Eindruck!«

Ich schluckte eine, ach was, eine ganze Menge gehässiger Bemerkungen hinunter, denn ich fand mein Verhalten durchaus gerechtfertigt.

Nun versuchte ich es mit Raffinesse.

Ich setzte mich Lars gegenüber und säuselte: »Entschuldige, das ist einfach mein Temperament. Manchmal geht es regelrecht mit mir durch. Du kennst das ja schon, schließlich sind wir seit acht Jahren ein Paar. Aber sag mal, hättest du nicht Appetit auf Schlumpeweck?«

Lars stutzte. Wahrscheinlich hatte er mit einer neuen Gemeinheit gerechnet und nun verblüffte ich ihn. Ein Strahlen überzog sein Gesicht. Die Mundwinkel bogen sich nach oben. »Schlumpeweck«, wiederholte er mit sanfter Stimme.

»Ja, die backe ich dir«, hauchte ich. »Gefüllt mit Apfelmus, wenn du möchtest, mehr als sonst, und dann nochmals gebraten und mit Zucker bestreut. Genauso, wie meine Großmutter, die aus Herborn stammte, diese immer gebacken hat. Du weißt ja, von ihr habe ich das Rezept.«

»Oh! Köstlich! Wann?« Lars stöhnte. Er beugte sich zu mir herüber. Sein Gesicht näherte sich, seine Lippen suchten meine. Doch bevor sie diese erreichten, zuckte ich blitzschnell zurück und sagte: »Nachdem du sie getötet hast!«

Lars sprang so heftig vom Stuhl auf, dass dieser nach hinten kippte.

»Du bist hinterhältig und gemein! Einfach niederträchtig! Ich hätte es wissen müssen! Schlumpeweck bereitest du niemals ohne Hintergedanken zu. Das letzte Mal wolltest du, dass ich mit zu deiner Mutter fahre, obwohl ich die nicht leiden kann. Und das Mal davor ging es um den sündhaft teuren Pullover, den du dir zum Geburtstag schenken sollte. Frauen!«

Lars blies Luft in die Wangen.

»Du siehst aus wie ein Frosch«, konterte ich. »Und außerdem mache ich Schlumpeweck nicht nur, wenn ich etwas von dir möchte. Das ist eine infame Unterstellung! Ich kann mich erinnern, ich machte mal welche an einem ganz gewöhnlichen Samstag.«

Lars zog die Nase kraus. Sah auch nicht besser aus als das Froschgesicht. »Lass mich überlegen. Ja, das war genau der Samstag vor Ostern im letzten Jahr. Nein ...«, mit einer unwirschen Handbewegung gebot er mir zu schweigen, »nein, ich will nichts hören und schon gar nichts Falsches! Es war in der Tat der Samstag vor Ostern und nicht erst einer in letzter Zeit. Ich habe das deshalb noch so gut in Erinnerung, weil sich meine Eltern danach zu Besuch angekündigt hatten, die auch gerne Schlumpeweck mögen. Vor allem mein Vater liebt diese. Doch keinen Einzigen wolltest du für die beiden übrig lassen, obwohl ich dich darum bat. So viel hatte ich dich noch niemals zuvor essen sehen. Richtig geschlungen hast du! Danach konntest du einen Tag lang nichts mehr essen, hattest Magenschmerzen und von dem Gebäck war kein einziger Krümel mehr übrig. Und jetzt sag nicht, das würde nicht stimmen!«

Ich antwortete gar nichts. War besser so. Natürlich wusste ich, dass Lars die Wahrheit erzählte, aber musste ich das auch noch zugeben? Nein, ich schwieg.

Stattdessen stand ich langsam auf, ging drei Schritte zum Fenster, öffnete es. Man konnte den Sommer riechen, blauer Himmel, Sonne satt. Fahrradwetter – mein letzter Versuch Lars umzustimmen.

»Wir könnten jetzt einen kleinen Ausflug machen, so lange waren wir schon nicht mehr in Limburg. Wir fahren die paar Kilometer an der Lahn entlang. Ich würde mich so freuen, auf der felsigen Anhöhe hoch über dem Fluss unseren schönen Dom mit seinen sieben Türmen zu entdecken, der dort wie eine Burg über dem Tal steht. Die alte Lahnbrücke, die Reste der Stadtbefestigung, das Schloss, die Fachwerkhäuser, das alles haben wir einige Zeit nicht mehr gesehen. Was meinst du? Hast du Lust?«

»Und wenn du noch so schwärmst – erst, wenn du sie umgebracht hast!«, sagte Lars und vermied den Blick nach draußen.

Kurz überlegte ich, ob mir nicht doch noch etwas einfallen könnte, das mich nicht zur Mörderin werden ließ. Etwas, das Lars überzeugte selbst zu töten.

Trotz anstrengendem Nachdenken fiel mir nichts Adäquates mehr ein.

Ich drehte mich weg vom Fenster, blickte zur Decke. Ich hatte alles versucht, gutes Essen mit Schlumpeweck, der Ausflug.

Mir war schlecht. Richtig schlecht.

Diejenige, die ich töten sollte – nein – musste, war dick. Ungewöhnlich dick!

»Dein letztes Opfer war dünner«, startete ich doch noch einen allerletzten Versuch.

»Nein! Das scheint nur so«, antwortete Lars unerbittlich und sah an mir vorbei.

Ich hasste ihn!

Da verließ ich betont langsam das Wohnzimmer.

Holte den Besen aus der Abstellkammer, kam wieder zurück.

Schlich vorsichtig zu der Ecke über dem Wohnzimmerschrank.

Holte aus – schlug zu – und beendete das Leben der Spinne.

Schlumpeweck

Zutaten:
1 Würfel Hefe
500 g Mehl
¼ Liter lauwarme Milch
80 g Zucker
1 Prise Salz
2 Eier

Für die Füllung:
Apfelmus nach Belieben
Zucker
Butter

Zubereitung:
Hefe und Milch werden in einem Topf erwärmt, restliche Zutaten zufügen und alles zu einem glatten Teig verarbeiten.
Diesen in eine Schüssel geben und an einem warmen Ort gehen lassen (ca. 45 Minuten bis eine Stunde).
Danach den Teig auf einem mit Mehl bestäubten Brett ungefähr 1 cm dick ausrollen,
mit einer Tasse Schlumpeweck ausstechen und auf ein Backblech geben.
Nochmals gehen lassen.
Den Ofen vorheizen (200 Grad) und das Gebäck ca. 10 Minuten backen. Es soll hellbraun sein.
Nun vollständig erkalten lassen.
Die Schlumpeweck aufschneiden, mit Apfelmus füllen, zuklappen und in einer Pfanne von beiden Seiten in heißer Butter anbraten.
Mit Zucker bestreuen und sofort servieren.

MARCUS IMBSWEILER

Lest mehr Krimis!

Ein Wochenbericht

(Bad Nauheim)

Am Montag kommt die Einladung.

»Liebe Inge, lieber Horst«, schreibt Hannelore, »nächsten Samstag möchte ich mit euch Geburtstag feiern. Wir treffen uns im Restaurant Dolce am Kurpark. Wie immer. Es gibt Kirschenmichel, wie immer. Macht mir keine Schande und zieht euch was Ordentliches an.«

Meine Frau bekommt einen Tobsuchtsanfall. Sie knüllt den Brief zusammen, schreit, sie ertrage diese Demütigungen nicht länger, irgendwann sei Schluss, dieses Weib wisse nur zu gut, wie es um ihre, Inges, Garderobe bestellt sei. Und dann fällt der Satz, der mich zusammenfahren lässt: »Horst, ich bringe sie um!«

Ich versuche zu beruhigen, argumentiere, schwäche ab, doch vergebens. »Ich bringe sie um«, wiederholt Inge, und ich sehe, sie meint es ernst.

Die eigene Schwester?, frage ich.

Gerade die. Man könne schließlich nicht ewig darauf warten, dass sie einen beerbe. Am Ende verprasse Hannelore noch ihren ganzen Reichtum. Oder sie ändere ihr Testament. Zugunsten ihres Liebhabers zum Beispiel.

Ich horche auf. Welchen Liebhabers?

Sie sei überzeugt, dass es da einen Mann gebe, sagt Inge. Da sei so ein seltsamer Glanz in Hannelores Augen, schon seit Wochen. Schwestern merkten das.

Ich sage, mir sei nichts aufgefallen.

Das wundert meine Frau nicht. Ihr Entschluss steht fest: Sie wird Hannelore beseitigen, und zwar beim Kirschenmichelessen im Restaurant Dolce. Damit wir endlich unsere Schulden bezahlen können. Ob ich dabei sei, fragt sie mich.

Schweigend gieße ich mir einen Schnaps ein. Einen großen.

Am Dienstag besucht Inge die Stadtbücherei in der Zanderstraße und wälzt Kriminalliteratur. Sie liest Conan Doyle und Simenon, studiert Chandler und Hammett, holt sich Rat bei Highsmith und Sayers. Sie arbeitet sich durch Detektivkrimis, Polizeikrimis, historische Krimis und Kochkrimis. In einem Frankfurt-Krimi wird sie schließlich fündig. Erschöpft, aber zufrieden kommt sie nach Hause.

Es gibt eine Lösung für unser Problem, und diese Lösung heißt Aconitin. Das Gift des Blauen Eisenhuts, das innerhalb von Minuten zum Tod führt. Geruchs-, geschmacks- und vor allem rückstandslos. Niemand wird Verdacht schöpfen. Ein paar Tropfen davon über Hannelores Kirschenmichel, und es wird aussehen wie ein Herzstillstand: die Quittung für ihr jahrelanges Lotterleben.

Ich behaupte, mir nicht vorstellen zu können, dass das so einfach sei.

Dann solle ich das Buch lesen. Es habe mehrere Preise gewonnen.

Und der Mörder? Kommt er ungeschoren davon?

Inge zögert. Das nicht, sagt sie. Er stelle sich aber auch zu dämlich an, und das werde uns nicht passieren, oder?

Wieder weiß ich nicht, was ich sagen soll. Die Leidenschaft meiner Frau für Krimis war mir schon immer verdächtig.

Am Mittwoch entwerfen wir unseren Schlachtplan. Inge hat sich im Dolce erkundigt: Zum Kirschenmichel wird es ein Glas Sekt für jeden geben. Wir stoßen an, alles Gute zum Geburtstag, dann habe ich Hannelore abzulenken. Aconitin über ihren Kirschenmichel, guten Appetit allerseits – und Schluss mit unseren Sorgen. Inge triumphiert.

Ich dagegen zaudere, zweifle, winde mich, gebe zu bedenken. Was, wenn Hannelore keinen Kirschenmichel mag?

Ohne Kirschenmichel kein Geburtstag. Ehernes Gesetz!

Aber die vielen Zeugen an den Nebentischen!

Sind mit sich beschäftigt.

Und wenn sie sich nicht ablenken lässt? Hannelore ist stur!

Das ist sie, in der Tat, seufzt Inge. Ich solle aber auch an ihr Bläschen denken, das alte Familienübel. Alle dreißig Minuten renne ihre Schwester zur Toilette.

Ich kann nicht, stöhne ich.

Dann sprich du mit unserer Bank.

Sie hat recht. Es gibt keine Alternative.

Am Donnerstag schwänze ich meinen Kegelabend im Sportheim und besuche Hannelore. Wir müssten etwas unternehmen, beschwöre ich sie, Inge sei uns auf die Schliche gekommen.

Hannelore wird misstrauisch. Ob ich sie abservieren wolle?

Aber nein, rufe ich verzweifelt und erzähle ihr von Inges Plan.

Das, nickt Hannelore, sehe ihrer verklemmten Schwester ähnlich: dass sie sich sogar die Anregung zu einem Mord aus Büchern hole. Ob ich den Titel dieses Frankfurt-Krimis wisse? Haxensausen in Sachsenhausen? Bitterer Bembel? Nun, nicht so wichtig. Eine Giftmörderin schlage man am besten mit den eigenen Waffen. Sie werde Inge am Samstag gerne die Gelegenheit geben, ihren Kirschenmichel zu präparieren. Nur solle ich dafür sorgen, dass auch meine Frau den Tisch für einen Augenblick verlasse, damit sie, Hannelore, die Teller vor dem entscheidenden Bissen vertauschen könne.

Mir wird schwindlig. Nun soll ich auch noch meine eigene Frau ermorden?

Hannelore zuckt die Achseln. Auge um Auge, Aconitin um Aconitin.

Ich kann nicht, stöhne ich.

Dann tue ich es.

Aber wenn sie partout nicht aufstehen will?

Sie muss, antwortet Hannelore. Ich solle nur an ihr Bläschen denken, das alte Familienübel. Alle dreißig, nein, zwanzig Minuten renne Inge zur Toilette.

Sie hat recht. Es gibt keine Alternative.

Am Freitag fahre ich 500 Kilometer, um das Gift zu besorgen. Die Apothekerin wird mich unmöglich wiedererkennen, so tief habe ich mir die Mütze in die Augen gezogen. Sie fragt mich, wozu ich Aconitin brauche und ob ich wisse, wie giftig es sei.

Für unseren Hund, murmele ich. Krebs im Endstadium.

Inge erwartet mich aufgeregt. Als ich ihr das Päckchen zeige, fällt sie mir um den Hals und verschlingt mich fast mit ihren Küssen. Gemeinsam malen wir uns aus, was wir alles mit Hannelores Geld anstellen werden. Urlaub in der Karibik, ein neuer Wagen, Essen in den besten Restaurants. Nur, dass in meinen Träumen Hannelore die Frau an meiner Seite sein wird.

Als Erstes, meint Inge, müssten wir allerdings der Stadtbücherei eine anonyme Spende zukommen lassen. Schließlich wären wir ohne deren Krimisammlung keinen Schritt weiter.

Ich stimme zu. Die Bücherei hat sich diese Spende wahrlich verdient. Auch wenn ich keine Krimis lese.

Am Samstag läuft alles wie am Schnürchen. Die beiden Schwestern begrüßen sich mit Küsschen, an Hannelores Fingern glitzern die Brillanten, Inge hat abgetragene Lederhandschuhe gewählt und ein Uraltkostüm ihrer Mutter. Sekt und Kirschenmichel kommen. Wir stoßen an. Auf uns!

Kirschenmichel!, schwärmt Hannelore und verspeist ein großes Stück.

Ich biete an, ihr die Schönheiten Bad Nauheims zu zeigen: die englische Gartenanlage, das Jugendstiltheater, die Dankeskirche ... Inge bleibt sitzen und zieht ihren Lippenstift nach.

Gemeinsam stehen wir am Fenster des Spiegelsaals, meine Schwägerin und ich, und lassen unsere Blicke durch den Kurpark gleiten. Hannelore verbietet mir, über die Schulter zu linsen. Mich schaudert.

Zurück am Tisch, ist der Platz meiner Frau verwaist. Ihr Kirschenmichel: angeknabbert. Hannelore schaut sich um und gibt mir das vereinbarte Zeichen: jetzt! Blitzschnell vertausche ich die Teller der Schwestern. Damit der Tausch nicht auffällt, isst Hannelore auch von Inges Kirschenmichel ein großes Stück.

Gleich darauf kehrt Inge von der Toilette zurück. Sie nickt mir zu. Wir prosten erneut. Dann essen wir. Drei Gabeln werden ergriffen, drei Hände zittern. Langsam und genüsslich kaut Inge. Mein Gott, wenn sie ahnte, was sie da zu sich nimmt ...

Ich wende den Blick ab. Mir wird übel. Der Versuch aufzustehen misslingt. Inge blickt mich fragend an.

Im nächsten Moment gibt Hannelore ein seltsames Geräusch von sich. Die Gabel fällt ihr aus der Hand. Sie schaut zu Inge, dann zu mir – ihr Blick bricht. Hart schlägt ihr Kopf auf der Tischplatte auf.

Am Sonntag besucht mich meine Frau in der Untersuchungshaft. Sie erklärt, dass die Polizei mich für den Täter halte. Für einen Einzeltäter. Die leere Ampulle Aconitin in meiner Jackentasche spreche eine deutliche Sprache. An der Verpackung zu Hause, an Hannelores Teller: meine Fingerabdrücke. Auch die Apothekerin könne sich sehr gut an mich erinnern, wegen der komischen Mütze.

Aber Aconitin sei doch ein rückstandsfreies Gift, sage ich.

Da müsse ich etwas falsch verstanden haben, lächelt Inge. Sie könne ja nichts dafür, dass ich keine Krimis lese. In denen stehe alles über Gifte drin. Dann senkt sie die Stimme: Sie habe mir die Affäre mit Hannelore durchaus gegönnt, schließlich halte sie sich selbst seit Jahren einen Liebhaber aus Ober-Mörlen. Aber wenn nun einmal so viel Geld im Spiel sei ...?

Ich will wissen, wie das Gift in Hannelores Kirschen-michel kam.

Enttäuscht schüttelt sie den Kopf. Durch den Tausch natürlich, antwortet sie halblaut, wodurch sonst? Sobald sie alleine am Tisch gesessen sei, habe sie den Inhalt der Ampulle über ihren eigenen Kirschenmichel geschüttet. Dass Hannelore nichts anderes einfallen würde, als die Teller auszutauschen, sei ihr von vornherein klar gewe-sen. Auch ihre Schwester hätte öfter einen Krimi lesen sollen. Sie sieht auf die Uhr und steht auf. Der Flug in die Karibik, ich wisse ja. Sorgen brauchte ich mir keine zu machen, sie fliege nicht allein.

Ich warte, bis sich die Tür hinter ihr geschlossen hat. Dann erkundige ich mich nach der Gefängnisbibliothek. Ich hasse Krimis, aber irgendwie muss man ja weiterkom-men im Leben.

Kirschenmichel

Dieser Auflauf, der früher als Hauptspeise gegessen wurde, besteht hauptsächlich aus eingeweichten, altbackenen Brötchen, die mit Butter, Milch, Eiern und Kirschen vermengt werden. Je nach Geschmack runden Nelken, Mandeln oder Zimt diese süße Sünde ab. Dazu gibt es Vanillesauce.

Zutaten:

600 g Süßkirchen
6 Milchbrötchen vom Vortag
4 Eier
0,5 l Milch
1 Messerspitze Zimtpulver
1 Pck. Vanillezucker
100 g Zucker
3 EL Butter
3 EL Mandelstifte
Puderzucker zum Bestäuben

Zubereitung:

Die Kirschen waschen und die Stiele abzupfen. Ursprünglich werden die Kirschen nicht entsteint, man kann es aber machen. Die Brötchen in dünne Scheiben schneiden. Die Eier mit Milch, Zimt, Vanillezucker und Zucker in einer großen Schüssel verquirlen. Die Brötchen dazugeben und vermischen. Die Brötchen sollen sich gut mit der Eiermilch vollsaugen.
Eine große Auflauf- oder Backform mit 1 EL Butter ausfetten.
Die Kirschen nun in die Schüssel zu den Brötchen geben und vermischen. Diese Masse in die Form füllen und mit den Mandeln bestreuen.
Die restliche Butter in Flöckchen darauf verteilen.

Den Auflauf im vorgeheizten Ofen bei 160 °C etwa eine Stunde goldbraun backen.

Vor dem Servieren mit dem Puderzucker bestäuben. Dazu schmeckt Vanillesauce.

KARIN MENEIDA

Er gehört mir - Oder: Beulches für Bastian

(Nidda)

Lebbe geht weider. Ja, ich weiß, das ist ein dummer Spruch. Aber er passt. Egal was uns Hessen auch zustößt, stets heißt es: Lebbe geht weider. Mit wenigen Ausnahmen. Eine davon ist Angelika. Wie sie so daliegt, die Augen weit aufgerissen, den Schädel zertrümmert, könnte nichts weniger zu dieser Lebensweisheit passen.

Angelika ist tot.

Ihr Blut färbt jenen Teppichboden rot, auf dem ich schon als Kind mit Sebastian spielte. Wenn mein kleiner Opel Kadett mal wieder gegen die Buchenholzfüße der Flurkommode stieß, pflegte Mutter zu schimpfen. Bastian kam mir mit Feuerwehrauto und Abschleppwagen zu Hilfe. Tatütata. Tatütata. Auf ihn war immer Verlass. Warum musste er mich ausgerechnet jetzt so enttäuschen? Wir hatten uns doch geschworen, immer füreinander da zu sein!

Das Blut erreicht die Buchenholzfüße der Kommode und umfließt das abgeplatzte Holzfurnier. Ich werde den Flur renovieren müssen. Auch eine neue Bodenvase muss ich kaufen. Die Scherben liegen rund um Angelikas Kopf verstreut. Es riecht leicht moderig, nach abgestandenem Wasser und den Chrysanthemen der letzten 20 Jahre.

Warum konnte sie nicht begreifen, wie wichtig all jene Rituale waren, die mich auf ewig mit Bastian verbanden? Wie unsere heiligen Sonntage. Dann sind wir immer zum Marktbrunnen gegangen. Im Sommer ließ die Sonne den roten Sandstein glühen, der achtstrahlige Stern unter dem Niddaer Stadtwappen funkelte. Im Winter legte sich eine dichte Schneedecke auf den Brunnenrand, und manchmal hingen sogar Eiszapfen von der hölzernen Schöpfrolle herab. Bei jedem Wetter standen wir auf dem Marktplatz inmitten der Fachwerkhäuser, um unsere Erlebnisse der letzten Woche auszutauschen und Pläne für die nächste Woche zu schmieden. Es wird nie wieder so sein. Nicht nach dem, was passiert ist.

In der Kommode müssen noch Kerzen liegen.

Ich ziehe die oberste Schublade heraus und suche zwischen verblichenen Ansichtskarten, Fotos und Rechnungen nach den Bienenwachskerzen, die sonst nur zu Weihnachten am Baum brennen dürfen. Angelika soll es schön haben, wenn sie schon tot ist. Das bin ich ihr trotz allem schuldig. Meine Hände zittern nicht, als ich vier Kerzen neben ihren zertrümmerten Kopf in den aufgeweichten Teppichboden stecke und anzünde. Fast wie ein Altar sieht es aus. Ich bin zufrieden.

Natürlich habe ich gewusst, dass irgendwann der Tag kommen würde, an dem jemand zwischen Bastian und mich tritt. Vor einem Jahr wäre es bei mir beinahe Robert gewesen. Ich mag ihn. Aber Bastian mag ich mehr. Er ist mir so vertraut, so beruhigend. Bei ihm brauche ich keine Angst zu haben. Er ist immer da.

Dann kam Angelika. Die Hexe.

Erst hat Bastian versucht, mir alles zu verheimlichen. Wenn sie sich am Johanniterturm trafen oder Hand in Hand durch den Kurpark von Bad Salzhausen spazierten. Ich darf mir gar nicht vorstellen, wie sie beim Lichterfest im Park dicht nebeneinanderstanden, um zwischen Fackeln und Kerzen das Feuerwerk zu erleben.

Plötzlich war alles so anders. Mein Bastian, mein Bastian, warum? Lebbe geht weider, sagte auch Mutter so oft. Ich habe lange daran geglaubt. Bis ich an einem Sonntag das erste Mal vergeblich am Marktbrunnen wartete. Ich lehnte am rauen Sandstein, strich immer wieder über das kühle Eisen der Pumpe, las die so vertrauten eingemeißelten Worte: »Ob ich schon werde gering geacht, So steht doch meine Kraft in Gottes Macht.« Später hat Bastian gesagt, dass Angelika ihn auf einen Spaziergang zum Schloss Nidda eingeladen hatte und wir uns doch auch am nächsten Sonntag zu unserem Brunnenritual treffen könnten.

Mehr als 20 Jahre lang haben wir jeden Sonntag am Brunnen auf dem Marktplatz gestanden. Was sind dagegen schon ein paar Treffen im Kurpark? Aber das wollte Angelika einfach nicht begreifen.

Jetzt ist sie tot.

Ihre Augen starren leer an die Stuckdecke, während das Blut langsam trocknet. Wie lange liegt sie hier schon zwischen den Scherben der alten Bodenvase? Ein Blick zur Pendeluhr auf der Kommode verrät mir, dass es Zeit wird. Ich muss noch Hände waschen, bevor ich Beulches für Bastian koche. Das ist sein Leibgericht.

Das Wasser rinnt angenehm kühl über meine Haut. Es färbt sich rot. In den Spiegel, den Bastian unweigerlich jeden Morgen mit Zahnpastaspritzern verzierte, schaue ich nicht. Vermutlich sieht mein Gesicht schrecklich aus, mit verquollenen Augen, hohlen Wangen und Haaren, die dünn in die Stirn hängen. So mag ich mich nicht. So mag auch Bastian mich nicht. Ich trockne meine Hände sorgfältig ab, bevor ich in die Küche gehe.

Das kleine Leinensäckchen liegt schon vorbereitet neben dem Herd. Mindestens eine Stunde muss es im Salzwasser kochen, damit die Masse aus Kartoffeln, Pökelfleisch und Lauch richtig schmeckt. So hat es auch Mutter immer gemacht. Während ich die Zwiebelsoße vorbereite, muss ich an Bastians verzücktes Gesicht denken, wenn ich ihm Beulches serviere. Nur du kannst das richtig, sagt er immer. Und Angelika hat doch tatsächlich gewagt, ebenfalls für ihn zu kochen. Beulches. Nein, Angelika, das geht nicht. Das geht gar nicht. Nicht für meinen Bastian.

Das Rauschen der Dunstabzugshaube übertönt fast mein Summen. Ich summe immer in der Küche. Das Salzwasser kocht und in der Pfanne brutzeln die Zwiebeln. Ich hätte sie gerne mit meinem Lieblingsmesser geschnitten, doch das müsste ich erst abwaschen. Es klebt noch Blut daran. Bastians Blut. Um ein Weizenbier aus dem Kühlschrank zu holen, steige ich über seinen längst erkalteten Körper hinweg. Auch hier in der Küche haben sich die schwarz-weiß gemusterten Fliesen rot gefärbt. Wirklich schade, dass er nicht mehr erleben kann, wie der Geruch nach Beulches und brutzelnden Zwiebeln die Luft erfüllt. Aber Bastian gehört jetzt wieder mir ganz allein.

Für immer.

Lebbe geht weider. Er ist doch mein Bruder.

Beulches

Bei diesem Gericht verrät der Name die Art der Zuberei-
tung: Geriebene, rohe Kartoffeln, Porree- und Blutwurst-
würfel werden zu einem Teig vermengt und in einem Lei-
nenbeutelchen (Beulches) eine Stunde lang in Salzwasser
gegart. Beulches wird im Vogelsberger Raum zusammen
mit Sauerkraut und Zwiebel- oder Bratensoße serviert.
Sie schmecken so gut, dass regional veranstaltete Beul-
ches-Essen stets restlos ausgebucht sind.

Zutaten:
1 kg geschälte Kartoffeln
150 g gepökeltes Schweinefleisch (Schulter)
120 g Lauch
100 g Dörrfleisch
100 g Schwartenmagen
Salz, Pfeffer, Muskat und Knoblauch

Zubereitung:
Das gepökelte Schweinefleisch in leicht gewürztem Was-
ser nicht ganz weich kochen. Das Fleisch erkalten lassen
und in Würfel schneiden. Dörrfleisch würfeln und an-
schwitzen. Lauch in feine Streifen schneiden und 5 Mi-
nuten mit dem Dörrfleisch dünsten lassen. Die rohen
Kartoffeln fein reiben. Gewürfeltes Schweinefleisch und
Schwartenmagen, Dörrfleisch und Lauch zur Kartoffel-
masse geben. Mit Salz, Pfeffer, Muskat und Knoblauch
würzen und gut vermischen.

In die typischen Vogelsberger »Beutelches« (= Leinen-
säckchen) füllen und diese in kochendes Salzwasser
geben und bei geringer Hitze ca. 1 Stunde kochen las-
sen. Nach dem Garen die Beutelches unter kaltem Was-
ser abschrecken, damit sich der Kloß aus dem Leinen-

sack gut löst. Zu diesem traditionellen Essen wird eine Lauch- oder Zwiebelsoße gereicht und natürlich ein grüner Salat.

LILO BEIL

Ein Geschmack von Glück

(Butzbach)

Immer noch grüble ich darüber nach, was mich vernünftigen Mann wohl dazu veranlasst haben mag, ganz spontan die Autobahn zu verlassen und den Schauplatz meiner Niederlage und meiner Schuld aufzusuchen.

Ich fuhr auf der A5, von einer Geschäftsreise kommend, in Richtung Süden und freute mich schon auf ein gemeinsames Wochenende mit meiner Frau. Wir würden zusammen eine Wanderung in den Nordvogesen unternehmen und in unserem Lieblingslokal einkehren. Die südpfälzische Wahlheimat nahe des Elsass, wo es uns seit den 70er-Jahren hin verschlagen hatte, war mir ans Herz gewachsen.

Niemals in all den Jahren kam es mir in den Sinn, in die Wetterau zurückzukehren, und sei es auch nur besuchsweise.

Meine Eltern waren schon lange tot, und mit den Verwandten aus Lich und Langgöns gab es keine Verbindung mehr.

Eine anhängliche Münzenberger Tante schrieb mir jedes Jahr an Weihnachten und zum Geburtstag eine Karte. Aus Pflichtgefühl oder einem kleinen Rest von Familiensinn heraus erwiderte ich die Kartengrüße, denn die Tante hatte mich immerhin vor 56 Jahren über das Taufbecken gehoben.

Butzbach.

Ich erschrak, als ich den Namen las, doch bald darauf riss ich das Steuer jäh herum, nahm im letzten Moment die Ausfahrt. Der Fahrer hinter mir hupte genervt und wütend. Mehrmals und laut.

Ob sich das putzige Butzbach verändert hatte? Ich war über 30 Jahre nicht mehr hier gewesen.

Butzbach schien seit den 70er Jahren noch putziger geworden zu sein. Herausgeputzt war vor allem das Fachwerk, das sich so sehr von dem der Südpfalz und des Elsass unterschied.

Langsam, fast kriechend, fuhr ich durch das Städtchen. Wie ein Hund, der schnüffelnd Witterung aufnimmt, erkundete ich all die längst vergessenen Plätze und Straßen, hielt hie und da an, um Veränderungen festzustellen oder mit Erstaunen Altbekanntes unverändert vorzufinden.

Ich umkreiste mehrmals den schönen Brunnen auf dem Marktplatz, umsäumt von schmucken Fachwerkbauten. Man hatte sie edel renoviert und sie faszinierten mich heute wie damals. Doch damals war meine Faszination mit Sehnsucht vermischt gewesen. Einer Sehnsucht, die ein anderes Gefühl barg: den Neid eines Jungen aus bescheidenen Verhältnissen angesichts solchen Reichtums und solcher Pracht.

Ich fuhr zur Stadtmauer mit dem Hexenturm, dann zum Landgrafenschloss, das zu meiner Zeit das 22. amerikanische Infanterieregiment beherbergte. Es gab einen Mordswirbel in den Medien, als bei archäologischen Ausgrabungsarbeiten der Stempel der 22. Legion der Römer gefunden wurde, der eine große Ähnlichkeit mit dem Emblem der amerikanischen Einheit aufwies.

Ein Zufall oder höhere Bedeutung?

Butzbach war damals für eine Weile in aller Munde gewesen.

Ich stieg kurz aus und ging zum Nordportal des Schlosses. Da prangte der Reichsadler über dem Eingangstor. In seinen Fängen, das wusste ich, hatten die Nazis 1937 das umkränzte Hakenkreuz angebracht und 1945 wieder herausgehämmert. Wie in meiner Wahlheimat, dachte ich.

Der Reichsadler am Weintor zu Schweigen teilte die gleiche Geschichte mit dem Adler des Butzbacher Schlosses.

Unwillkürlich musste ich trotz allem schmunzeln.

Die Vergangenheit ließ sich mit Hämmern und Meißeln nicht auslöschen.

Da vorne befand sich früher das Weidig-Gymnasium. Ein anderer Name stand jetzt darauf: Stadtschule. Stimmt, die Münzenberger Tante hatte mir einmal geschrieben, dass oben am Schrenzerberg, der hier einfach der *Schrenzer* hieß, ein neues Gymnasium erbaut worden war. Ein moderner Koloss wie alle diese Schulen heute.

Schrenzer. Weidig-Gymnasium. Ein Gefühl von Vertrautheit, oder handelte es sich eher um Unbehagen, breitete sich in mir aus. Nervös tastete ich nach der Schachtel mit Zigaretten, doch sie war leer.

Plötzlich bekam ich Lust auf einen Kaffee und etwas Essbares.

Ich lenkte meinen Mercedes zum Marktplatz zurück, suchte mir eine Parklücke und steuerte auf das nächstgelegene Café zu, das sehr einladend aussah.

Ich konnte mich an dieses Café nicht erinnern.

Kein Wunder. Stadtcafé, Marktcafé. Bei meinen Eltern gab es früher kein Geld, um dort hinzugehen.

Ich ließ mich in einer gemütlichen Ecke nieder. Das Café war gut besucht. Am Nachbartisch saßen zwei Frauen um die siebzig, eifrig am Reden. Vertraute Laute, der breite Dialekt meiner Kindheit und Jugend, die gedehnte und bedächtige Aussprache, weckten Erinnerungen an meine Eltern, an meine Nachbarn und die Verwandten aus Langgöns, Lich und Münzenberg.

Dieses gerollte *R*. Als würde man langsam einen Teig auf dem Backblech ausrollen. Dieses *R* mutete englisch oder amerikanisch an. Kein Wunder, dass Elvis Presley sich damals so heimisch gefühlt hatte, als er Ende der

50er-Jahre nicht weit von hier, in Friedberg und Bad Nauheim, als Soldat stationiert war.

Eine hübsche junge Frau in adretter Servierschürze erschien an meinem Tisch. Keine Hiesige. Sie fragte in reinstem Hochdeutsch, was ich wünsche.

»Einen Cappuccino, bitte. Ich suche noch was in der Karte aus.«

Beim Anblick der Speisekarte traf es mich wie ein Blitzschlag.

»Die Spezialität des Hauses: Ploatz oder Bloatz, süß oder herzhaft.«

Die Lettern taten mir in den Augen weh. Ein Schrei entfuhr mir.

Wie peinlich. Die beiden Frauen am Nachbartisch hielten in ihrem Gespräch inne, schauten verwundert zu mir herüber.

Die dickere der beiden Frauen fragte besorgt, ob mir was fehle.

»Nein«, stotterte ich. »Entschuldigung. Es ist alles in Ordnung.«

Die Bedienung kam mit dem Cappuccino.

»Haben Sie was ausgesucht?«

»Ja, einen Bloatz, bitte.«

»Süß oder herzhaft?«

»Herzhaft« , antwortete ich.

Irgendwie passte *herzhaft* zum Klopfen meines Herzens und dazu, dass ich mir im wahrsten Sinne des Wortes ein Herz fassen musste, um gerade diese Speise zu bestellen und nichts X-beliebiges.

Das ist meine Prüfung, dachte ich, während ich, immer noch mit klopfendem Herzen, auf meinen Bloatz wartete.

Es ist wie in dem französischen Roman, den ich erst vor wenigen Wochen einmal wieder gelesen habe: *Auf der Suche nach der verlorenen Zeit.*

Der Autor, Marcel Proust, beschreibt darin, wie er eine *Madeleine*, dieses Sandgebäck in der Form einer Jakobs-muschel, in den Tee tunkt. Der Geschmack der Madeleine bringt ihm mit einem Schlag seine ganze Kindheit zurück. Ein Vorgeschmack des Bloatz lag auf meiner Zunge. Marcel Proust hatte recht.

Ja, ich war schon längst nicht mehr der ungebildete Fabrikarbeitersohn von damals, der Hungerleider und Hinterwäldler meiner Jugendzeit. *SIE* wäre heute stolz auf mich.

Mein Herz begann stärker zu klopfen.

Wollte ich denn tatsächlich die Erinnerung an damals zurückhaben?

Es war die Erinnerung an die Zeit meines größten Glücks und meiner größten Schuld.

Meines Verbrechens?

Mein ganz anderes Leben, mein *Leben nach Butzbach,* hatte die Erinnerung daran ausgelöscht.

Ein Unglück war es gewesen. Ein Unfall am Schrenzer.

Die Butzbacher Zeitung hatte davon berichtet.

Die hübsche Bedienung stellte den duftenden Bloatz, appetitlich angerichtet, vor mich auf den runden Tisch.

Der Bloatz, das Armeleuteessen der Wetterau, das Es-sen der armen Bauersleute und der Arbeiter früher.

Wie der Flammkuchen in der Südpfalz und im El-sass, dachte ich: früher das Essen der armen Schlu-cker, heute Kultspeise, nicht mehr wegzudenken von den Speisekarten der Nobelrestaurants an der Pfälzer Weinstraße.

Schon beim ersten Bissen stellte sich der *Madeleine*-Effekt ein.

Ich fand mich urplötzlich in die 60er-Jahre zurückver-setzt.

Ich war sechzehn Jahre alt und verliebt bis über beide Ohren.

Es war Mittagszeit, ich kam von der Schule nach Hause, grüßte zerstreut.

Meine Mutter backte gerade einen Bloatz. Sie rollte den Roggenteig, den Rest vom Vortag, auf dem großen hölzernen Backbrett aus. Auf dem Teig verteilte sie gekochte Kartoffeln, Schmand und Lauch.

Auf die Frage meiner Mutter, wie es denn heute in der Schule gewesen sei, antwortete ich nicht.

Ich fühlte mich wie benommen.

Gerade hatte ich das allerschönste Mädchen der Welt getroffen.

Ich war am Weidig-Gymnasium vorbeigekommen, und wie immer sah ich sehnsüchtig nach dem Schulgebäude hin, unerreichbar für mich.

Meine Eltern wollten, dass ich nach dem Hauptschulabschluss in die Maschinenfabrik ging. Zu Samesreuther, genau wie mein Vater, der dort arbeitete.

Ich schlich beschämt am Schulgebäude vorbei, als ich *SIE* erblickte.

Eine zierliche Schönheit, mit schwarzen halblangen Haaren, die sie auf modische Art trug, nämlich mit den sogenannten *Herrenwinkern.* Ihre stark geschminkten, schrägen Augen gaben ihr das Aussehen von Liz Taylor in der Rolle von Königin Kleopatra. Ihr mit blassrosa Lippenstift betonter Mund war verführerisch und schmollend.

Karierter Minirock, ein eng anliegender Rippenpulli mit Rollkragen, der ihre sexy Figur aufs Beste zur Geltung brachte.

Dazu spitze Pumps mit Stöckelabsatz.

Sie sah sehr modisch aus und musste neu hier in unserem Städtchen sein.

Während des Mittagessens kaute ich gedankenverloren auf meinem Bloatz herum, den ich sonst immer gierig herunterschlang, denn ich aß ihn am liebsten.

163

Meine Mutter schaute mich besorgt an und fragte, ob ich krank werde.

»Nein«, antwortete ich, doch das war gelogen.

Denn ich wurde in den Tagen und Wochen darauf liebeskrank.

Ich fand heraus, dass das Mädchen meines Herzens Brigitte hieß, aber von allen »Brischid« genannt wurde, wie Brigitte Bardot. Das passte zum Schmollmund und zur sexy Figur.

Ihr Vater hatte sich als Arzt in Butzbach niedergelassen.

Brischid besuchte die 10. Klasse des Weidig-Gymnasiums, und täglich führte mich mein Nachhauseweg an ihrer Schule vorbei. Ich forschte nach dem Stundenplan der Angebeteten und folgte ihr heimlich, stand stundenlang vor ihrem Haus, einem modernen Bungalow mit einem Riesengarten, Swimmingpool und Hollywoodschaukel.

Ich wurde das, was man heute einen *Stalker* nennen würde. Immer kecker folgte ich ihr, die immer eine Freundin neben sich hatte, mit einigem Abstand. Ich sah, wie sich die beiden umblickten. Ich kam etwas näher und hörte sie tuscheln. Vor Brischids Haus angekommen, trennten sie sich kichernd.

Als ich wieder einmal hinter den beiden hertrottete, drehte sich Brischid plötzlich um und schrie mir ins Gesicht: »Scher dich endlich weg. Wenn du mir weiter nachspionierst und mich belästigst, sage ich es meinem Vater. Sein bester Freund ist der Polizeichef, und der steckt dich dort drüben ins Butzbacher Zuchthaus oder ins Jugendgefängnis nach Rockenberg.«

Sie musterte mich von oben bis unten und fügte höhnisch hinzu: »Mit so einem, der nicht mal aufs Gymnasium geht, geb ich mich doch nicht ab.«

Sie hakte sich bei ihrer Freundin unter, sagte schnippisch: »Komm, Beate«. Diese streifte mich mit einem koketten Blick und beide stöckelten stolz davon. Brischids verächtliches Lachen ging mir den ganzen Tag über nicht mehr aus dem Kopf.

Die drastischen Worte der Angebeteten verfehlten ihre Wirkung nicht.

Einige Tage hielt ich mich von ihr fern, aber Liebe macht blind, und so begann ich wieder, ihr nach der Schule zu folgen, allerdings in größerem Abstand als zuvor.

Krank vor Liebe und aus Verzweiflung schrieb ich ihr.

Ich würde ihr den Brief persönlich geben, koste es, was es wolle.

Das Glück ist mit den Liebenden, dachte ich, als ich am Tag darauf Brischid ohne ihren Schatten in Gestalt von Freundin Beate auf dem Nachhauseweg antraf.

Weit und breit war niemand zu sehen. Ich fasste Mut.

Ich ging auf sie zu, gab ihr den Brief.

Und das Wunder geschah: statt das Schreiben zu zerreißen oder es mir vor die Füße zu werfen, nahm sie es an sich, öffnete den Umschlag und las.

Mein Herz klopfte wie wild.

Nun wird sie mir ins Gesicht spucken, mich auslachen, zu ihrem Vater heimrennen, dachte ich. Morgen würde ich im Butzbacher Zuchthaus sitzen. Oder in Rockenberg, bei den kriminellen Jugendlichen.

Doch nichts dergleichen geschah.

Ich entdeckte in Brischids wunderhübschem Gesicht einen Ausdruck von Geschmeicheltsein und Zufriedenheit.

»Gut, du liebst mich also mehr als dein Leben. Wenn das so ist, dann komme am Samstagmittag um fünf Uhr zum Römerturm am Schrenzer. Aber sei pünktlich.«

Sie kräuselte den blassrosa geschminkten Schmollmund, schenkte mir so etwas wie ein Lächeln.

Dies war der glücklichste Moment in meinem Leben.

Wie auf Wolken ging, nein, schwebte ich nach Hause. Es gab an diesem Tag Bloatz auf die süße Art, mit Äpfeln und Zimt. Auf meiner Zunge lag ein Geschmack von Glück.

Unsäglichem Glück.

Ja, genauso schmeckt das Glück: nach süßem Bloatz mit Äpfeln und Zimt.

Ich hatte eine Idee: Meine Angebetete sollte an diesem Geschmack Anteil haben. Himmlisch, herrlich, unvergleichlich.

Sie würde dieses Glück auf der Zunge spüren, ich würde sie umarmen, küssen, und dann …

Meine pubertierende Fantasie erging sich in den Folgen. Der Eroberung der Geliebten stand nichts im Weg.

Es dämmerte schon, als ich am Römerturm ankam.

Der neblige Novembertag würde uns beiden nun zum schönsten Maientag werden. *Maientag,* das hatte ich einmal gelesen in einem Gedicht.

Gedichte gefielen mir, und ich würde aufs Abendgymnasium gehen und gebildet werden und …

Ich wartete nun schon eine halbe Stunde, doch die Geliebte kam nicht.

Sie hat mich getäuscht, betrogen, dachte ich. Wie dumm von mir, zu glauben, dass eine reiche Arzttochter einen solchen wie mich lieben könnte.

Ich wollte mich schon wegschleichen wie ein armer alter Hund, als eine helle Stimme rief: »Hallo, hier bin ich.«

Meine Kehle wurde trocken. Brischid sah schöner aus als je zuvor, sie trug hochhackige Schuhe und sah aus wie eine Dame.

Ich brachte keinen Laut hervor.

Sie schien meine Nervosität nicht zu bemerken und sprudelte los: »Meine Eltern und ich haben eben noch besprochen, wohin wir in den Weihnachtsferien fahren.

Nach St. Moritz, zum Skilaufen. Fantastisch. Das beste Hotel am Ort. Das wird ein Spaß.«

Das Herz wurde mir schwer. Meine Schöne gehörte einer anderen Welt an. Einer Welt, die mir verschlossen war. Wir fuhren nie irgendwohin.

Als könne sie Gedanken lesen, fragte sie: »Und wo warst du in den Sommerferien?«

»Nirgends«, stotterte ich und fühlte voller Scham, dass ich puterrot im Gesicht wurde. »Ich war zu Hause, in Butzbach.«

»Zu Hause in Butzbach. Wie aufregend.« Sie lachte silberhell.

»Aber nach Italien möchte ich gerne mal«, sagte ich aus Verlegenheit. Was Besseres fiel mir nicht ein. Ich hatte irgendwo gelesen, Italien sei Mode.

»Pah. Italien. Da fahren nur noch dumme Spießer hin. Wir waren im Sommer in Spanien. Torremolinos. Und einen Stierkampf habe ich gesehen. Fantastisch.

Und nächsten Sommer fahren wir nach Griechenland. Wieder wegen der Kultur. Wie Spanien. Griechenland soll fantastisch sein.«

Fantastisch. Anscheinend ihr Lieblingswort.

Als ich nicht antwortete, sagte sie auf einmal: »Was hast du da für ein Paket in der Hand?«

Da war wieder dieses silberhelle Lachen voller Hohn, und ich sah alles plötzlich ganz klar.

Alles, alles war falsch gewesen. Wie bereits gesagt: Liebe macht blind. Alte Leute behaupten das, Verheiratete, und sie sagen es mit traurigen Gesichtern.

Ich wollte das Päckchen verstecken, aber es war zu spät.

Sie riss mir den in Butterbrotpapier eingewickelten Bloatz aus der Hand und rief: »Haha, das Armeleuteessen. Bloatz oder wie das heißt. Unsere Küchentrine hat den auch mal gemacht. Ich hab das gleich wieder ausgespuckt. Einfach eklig.«

Sie warf den Kuchen in hohem Bogen von sich. Er zerbröselte auf dem Boden.

Dann tat sie etwas ganz Seltsames. Sie trat zu mir und presste sich an mich. Versuchte, mich zu küssen.

Eine große Kraft, gespeist aus enttäuschter Liebe, dem Gefühl von Demütigung und Wut bemächtigte sich meiner.

Wut auf dieses arrogante Wesen, diese Grausame und Gemeine. Auf dieses Mädchen voller Bosheit.

Mein Verstand setzte aus. Meine Liebe hatte sich in Hass verwandelt.

Mit voller Wucht stieß ich Brigitte von mir. Sie strauchelte mit ihren hohen Stöckelschuhen und fiel unglücklich. Gegen einen Baum? Gegen einen Pfeiler, einen Balken?

Ich weiß nichts mehr von diesen Sekunden, Minuten.

Die Erinnerung verschwimmt, taucht diesen Moment des Strauchelns, Fallens in einen Nebel, dichter als der Nebel an jenem Novembertag.

Wie in Trance ertastete ich in der Handtasche der Toten ein Stück knisterndes Papier, das ich mitnahm.

Es war mein Brief.

Auch das zerbröselte Etwas am Boden las ich, so gut es ging, zusammen, packte es in das Butterbrotpapier zurück.

Dann rannte ich wie ein Besessener vom Römerturm weg, den Schrenzer hinab.

Die folgenden Tage waren die Hölle.

Wenn es an der Haustür klingelte, ging ich mit gesenktem Kopf in mein Zimmer hoch, saß in Erwartung der Polizei wie erstarrt auf meinem Bett. Mein Herz klopfte zum Zerspringen vor lauter Angst.

Aber die Polizei kam nicht.

Sie kam nicht an den folgenden Tagen und auch nicht in den Wochen nach dem Tod des Mädchens.

Vermutungen wurden laut: Die Arzttochter habe wohl ein Rendezvous gehabt, auf einen jungen Mann gewartet, der nie ankam.

Da waren keine Spuren. Keine Vergewaltigung, nichts in dieser Richtung. Kein Sexualverbrechen, auch kein Verbrechen aus Habgier. In der Handtasche der Toten lag ein Portemonnaie mit zwei Fünfzigmarkscheinen. Das Geld und die Papiere waren nicht angerührt worden.

Erstaunt las ich folgende Mitteilung: »Eine Freundin der Toten sagte aus, seit geraumer Zeit sei ein amerikanischer Soldat aus der Butzbacher Kaserne um die Arzttochter herumgeschlichen. Die Ermittlungen der Polizei gehen in diese Richtung.«

Wenig später berichtete die Zeitung, ein junger GI sei festgenommen worden, der jedoch jeden Verdacht von sich weisen konnte und zudem über ein hieb- und stichfestes Alibi verfügte.

Eine Woche darauf las ich, die Ermittlungen gegen Unbekannt seien eingestellt worden.

Der glatte Untergrund, die modischen hohen Stöckelschuhe, der Nebel und die Dämmerung. Das Mädchen musste ausgerutscht, unglücklich gestürzt sein und sich dabei die tödliche Verletzung zugezogen haben. Ein bedauerlicher Unfall.

Ich schlang das letzte Stück Bloatz gierig hinunter, als wollte ich damit gleichzeitig die Erinnerung an jene Zeit tilgen.

Die beiden Frauen am Nachbartisch schauten verstohlen zu mir her, tuschelten.

Ein komischer Vogel sei das, soviel verstand ich noch vom Dialekt, der auch einmal meiner gewesen war. Doch das war lange her.

Ich winkte die Bedienung herbei und gab ein unangemessen hohes Trinkgeld. Schon lange konnte ich mir leisten, großzügig zu sein.

»Ach, bevor ich es vergesse,« fügte ich hinzu. »Gerne würde ich einen Bloatz mitnehmen. Die süße Variante mit Äpfeln und Zimt. Würden Sie mir das Ganze hübsch verpacken? Es soll ein Geschenk werden.«

Die beiden Tischnachbarinnen bedachte ich mit einem freundlichen Lächeln. Beide lächelten ein wenig gezwungen zurück.

An der Theke nahm ich den rosa Karton mit der hübschen Schleife in Empfang und verließ das Café.

Ich ging zu meinem geparkten Mercedes und verließ das putzige Butzbach.

Während der Heimfahrt Richtung Süden stellte ich mir vor, wie sehr Beate sich über mein nostalgisches Präsent aus der alten Heimat freuen würde.

Wir waren ein Paar geworden, nicht lange nach dem bedauerlichen Unfall am Schrenzer, und ein Paar waren wir geblieben. Unzertrennlich.

»Ich habe mir vorgestellt, du seist meinetwegen hinter uns hergelaufen. Ich war vom ersten Moment an in dich verliebt. Nie hätte ich dich verraten können«, gestand mir Beate damals.

Ich schaute zufrieden zu meinem Präsentkarton hin, der auf dem Beifahrersitz lag.

Der Geschmack von Glück.

Beate hatte ihn sich mehr als verdient.

Anmerkung:
Die Autorin dankt Jutta Meyer für einige nützliche Hinweise zu Butzbach.

Ploatz oder Bloatz

Im Vogelsberg war der Ploatz ursprünglich ein Essen der armen Bauersleute. Der Boden bestand aus Roggenteig, der vom Backtag übrig geblieben war. Darauf verteilten die Landfrauen geriebene Kartoffeln, mal gekocht, mal roh, mal beides, sowie Schmand und Lauch. Es gibt ihn auch als Zwiebelploatz und in der süßen Variante mit Schmand und Äpfeln.

Zutaten:
700 g gekochte Kartoffeln vom Vortag
500 g Mehl
1 Würfel Hefe
1 EL Zucker
1 Ei
ca. 125 ml Milch
1 Prise Salz
1 Ei
100 ml Sahne
150 g Schmand
100 g Semmelbrösel
200 g Zucker
1 TL Zimt

Zubereitung:
Die gekochten Kartoffeln fein reiben. Das Mehl in eine große Schüssel geben und in die Mitte eine Vertiefung machen. Den Zucker, Hefe und handwarme Milch hinein geben und etwas vermischen. Diesen Vorteig mit einem Tuch abdecken und ca. 20 Minuten zum Gehen warm stellen. Dann Kartoffeln, Ei und Salz zugeben und zu einem geschmeidigen Teig kneten.

Den Teig wieder in die Schüssel geben und zugedeckt erneut gehen lassen. Danach den Teig auf ein gefettetes Backblech geben und ausrollen. Die Sahne mit dem Schmand glatt rühren und auf den Teig streichen. Die Semmelbrösel darüber verstreuen und darauf eine Mischung aus Zimt und Zucker streuen. Den Ploatz bei 200 Grad backen, bis er goldbraun geworden ist.

INGRID WERNER

Und sie lebte glücklich

(Bad Hersfeld)

»Komm«, flüsterte die Alte.

Sie schlurfte an mir vorbei. Ein schmächtiges Weiblein. Bestimmt nur das halbe Gewicht von mir. Ich wusste nicht, wie sie hieß. Sie wohnte nicht auf meiner Station. Sie drehte sich zu mir um und fuchtelte mit ihrem Stock. Was wollte sie? Na, fragen kostete nichts.

Ich warf noch einen letzten Blick auf meinen halb vollen Teller. Heute hatte es Lumpen und Flöhe gegeben. Aber die hier konnten nicht kochen. Das Weißkraut war bis zur Unkenntlichkeit zermatscht und die Flöhe, also den Kümmel, hatten sie wohl pulverisiert. Damit die lieben Alten keine Samenkörner unter die Prothesen bekamen.

Mühsam richtete ich mich auf, griff meinen Rollator und humpelte, mein rechtes Bein nachziehend, in ihre Richtung. Als sie merkte, dass ich ihr folgte, wackelte sie weiter und ging durch die offene Terrassentür des Speisesaals in den Garten. Ihre Hüften schienen auch nicht mehr die besten zu sein. Trotzdem war sie sehr viel flinker als ich. Du meine Güte! Eile mit Weile! wollte ich ihr hinterherrufen. Aber dazu fehlte mir bereits die Atemluft.

Jetzt bog sie zu einer Blumenrabatte ab und ließ sich auf der weißen Bank, die davor im Schatten eines Baumes stand, nieder. Gute Idee, liebe Frau, lange wäre ich dir nämlich nicht mehr hinterhergelaufen. So neugierig war ich auch nicht.

Ich steuerte mein Gefährt zur Bank, parkte es, drückte die Bremsen hinein und setzte mich neben die Alte.

»Grüß Sie«!, schnaufte ich. Erwartungsvoll schaute ich sie an, sah aber nur ihr Profil. Die spitze Nase zeigte zu den Rosen, die üppig in der Augustsonne prangten. Sie erwiderte meinen Gruß nicht.

»Heute regnet es mal nicht«, versuchte ich erneut das Gespräch in Gang zu bringen.

Wieder keine Reaktion von ihr. Ich war ein wenig enttäuscht. Hatte ich doch die leise Hoffnung gehabt, wenigstens *einen* halbwegs intelligenten Menschen hier zu finden. Bis jetzt hatte ich nur die Bekanntschaft von dementen Frauen gemacht. Männer gab es sowieso keine, die man noch so nennen konnte.

Aber im Moment sah es hier nicht besser aus. Erst lockte mich diese halbe Portion hinter sich her, um nun stumm die Blumen beim Welken zu beobachten. Ich seufzte.

»Geht's dir nicht gut, Alma?«, schnarrte sie.

Überrascht hob ich den Kopf. Woher wusste sie meinen Namen? Die Alte starrte weiterhin in die Rosen.

Bevor ich eine Antwort gefunden hatte, fuhr sie fort. »Wie lange bist du jetzt schon bei uns, Alma?«

»Dreizehn Wochen«, sagte ich ohne Zögern. Zeitangaben, Wochentage, Uhrzeiten waren kein Problem für mich. Ich hatte meine Sinne noch beisammen. Außerdem schwärzte ich jeden Morgen das Datum des Tages auf meinem Kalender. Ich wollte auf dem Laufenden bleiben. Und, wer weiß, eventuell verging damit die Zeit schneller.

»Hast dich bereits eingewöhnt?«

»Naja«, ich strich eine Strähne meines weißen Pagenkopfes hinters Ohr, »wird schon noch kommen.«

Es war schön hier, von meinem Fenster aus hatte ich sogar einen Blick auf die Stiftsruine von Bad Hersfeld. Aber mir wäre eine Kur im Jugendstil-Kurhaus lieber gewesen, als für ewig in dieser Seniorenresidenz zu versauern.

»Bist vielleicht nicht freiwillig hier?« Sie begann zu kichern.

So eine Impertinenz! Es mochte ja sein, dass mein Sohn mich im Heim einfach abgeladen hatte wie ein Stück Möbel, das man nicht mehr brauchte. Aber das war meine Angelegenheit.

»Sie etwa?«, konterte ich.

Da fing sie zu lachen an und ihre Falten drückten sich wie eine Ziehharmonika zusammen. »Genug der Sperenzchen«, sagte sie und setzte sich aufrecht hin. »Wollen wir zur Sache kommen. Ich heiße Theresa. Manche nennen mich *Mutter Theresa*. Du kannst es halten, wie du willst.«

»Mutter Theresa?«, fragte ich. Also doch eine Verrückte. Schade.

Mutter Theresa nickte. »Und ich helfe den Armen, ihrer Mühsal zu entkommen.«

Wie bitte? Ein Hustenreiz kitzelte meinen Hals. Vor meinem geistigen Auge entstand das Bild der Alten, die mit zitternden Händen Gifttabletten an todessehnsüchtige Bewohner verteilte. Darüber blinkte in Neonbuchstaben HEIM INS HIMMELREICH.

»Sie helfen den Armen, ihrer Mühsal zu entkommen?«, wiederholte ich. »Sind Sie ein Todesengel?«

Man las ja immer wieder davon.

»Ha!«, rief sie aus und schlug mir mit ihren Gichtfingern auf den Oberarm und damit das Trugbild aus dem Kopf. »Drangekriegt.« Ihr Gesicht strahlte. Sie beugte sich zu mir hinüber. »Wo möchtest du wohnen, wenn du hier herauskönntest?«

Wozu diese Frage? Also war sie doch keine Sterbehelferin? Ich kannte mich nicht mehr aus. Aber verrückt war sie, daran bestand kein Zweifel.

Sie stupste mich an. »Nun sag schon.«

Meinetwegen. Spielte ich eben mit. Ich schloss die Augen. Eigentlich musste ich keine Sekunde überlegen – Italien. Das Land, wo die Zitronen blühten. Der kleine Ort, in dem Fritz und ich unsere Flitterwochen verbracht hatten. Damals vor dreiundfünfzig Jahren. Südlich von Neapel. Alte Steinhäuser an einen Hügel gedrückt, mit Blick auf das blaue Meer. Feigen direkt vor dem Fenster, nach denen ich nur die Hand ausstrecken musste, um sie zu pflücken. Fröhliche Menschen, die sich abends auf der Piazza trafen. Castellabate. Mein Paradies auf Erden. Weit, weit weg. Das verträumte Lächeln, das meine herabhängenden Mundwinkel problemlos nach oben gezogen hatte, zerfloss. Viel zu weit weg.

Als ich blinzelnd in die Realität zurückkehrte, sah ich, dass mich Theresa beobachtete. »Genau dorthin könnte ich dich bringen.« Sie versuchte, ihrer brüchigen Stimme einen einschmeichelnden Klang zu geben.

»Und dann?« Ich klatschte mit den Händen auf meine ausladenden Oberschenkel. »Wie soll ich da leben? Können Sie mir das auch sagen? Mein Sohn hat mich hierhergebracht, weil ich zu Hause allein nicht mehr zurechtkomme.« Ich schluckte. Leiser sprach ich weiter. »Selbst wenn es schmerzt, muss ich zugeben, dass er recht hat. Ich kann nicht mehr richtig gehen, meinen Haushalt nicht mehr verrichten und ...«, die nächsten Worte kamen nur flüsternd aus meinem Mund, »ich habe schon einmal vergessen, den Gasherd auszuschalten.« Ich atmete schwer aus. »Das ist ja ein netter Gedanke mit Italien. Nett, aber ganz wirklichkeitsfremd. Ein Hirngespinst.«

Ich stemmte meine Hände auf die Sitzfläche und wollte aufstehen. Theresa hielt mich zurück.

»Nein, Alma, nein. Kein Hirngespinst. Du musst es nur wollen. Und wenn du dir diese Residenz hier leisten kannst, kannst du dir auch deinen Traum erfüllen.«

Sie zeigte auf die Rosen und sagte mit lauter Stimme: »Schau nur, Alma, ein Schmetterling.« Dann grinste sie an mir vorbei und winkte. Ich drehte mich zur Seite und sah Schwester Marion, die eine Frau im Rollstuhl schob und zu uns herüberblickte. Kritisch, wie mir schien. Theresas harmlose Maske hielt, bis die beiden außer Hörweite waren. Sogleich neigte sie sich wieder zu mir.

»Ich habe vielen alten Leuten schon ihren Traum erfüllt.« Aus ihrer Kittelschürze holte sie ein aufklappbares Fotoalbum, in das man die Bilder einzeln in Plastikhüllen stecken konnte. Sie schlug die erste Seite auf. Mit gekrümmtem Finger wies sie auf das Foto eines Mannes jenseits der Achtzig, der am Arm einer jüngeren Frau vor einem blühenden Bauerngarten stand.

»Das ist Anton. Er wollte nach Österreich. Das war mein erster Klient.«

Sie zeigte auf das nächste Foto. Eine Frau mit grauem Dutt saß vor einer beeindruckenden Felsenformation, die steil ins Meer abfiel. Hinter ihr stand eine patent aussehende Frau, die ihr beschützend die Hand auf die Schulter gelegt hatte.

»Barbara. Sie wollte nach England. Kein Problem.«

Theresa blätterte um und deutete auf ein Bild nach dem anderen. »Walli in Frankreich. Berta in den Niederlanden. Christl auf Malta. Bernhard in Spanien. Kathi in Albanien. Weiß der Himmel, warum. Ursula in Ungarn. Charlotte in Kalifornien. Das war meine Erste in den USA. Dann ging es flott voran. Ferdinand auf Zypern. Paula in Thailand. Bernadette auf Rhodos. Zita in Ohio.«

Mir war schwindlig. Die zufriedenen Gesichter der alten Leute tanzten vor meinen Augen. Blumen. Meer. Häuser mit Fensterläden. Wälder. Bachläufe. Ein Kaleidoskop an Glückseligkeit. Ich wischte mir über die Lider.

»Und ...«, ich musste mich räuspern. Das brennende Verlangen, auch zu diesen glücklichen Alten zu gehören, drückte mir die Kehle zu. »Und, wie funktioniert das?«

Theresa schloss ihr Album und lehnte sich zurück. »Das ist ganz einfach, liebe Alma. Ich töte dich und dann gelangst du in dein Paradies.«

Mein Herz stockte. Also doch. Ich hatte es gewusst. Aber vielleicht war es wirklich das Beste. Wenn ich keine Freude mehr erwarten konnte und jahrelang in diesem Altersheim eingesperrt war, dann konnte ich auch gleich sterben. Ich sah zu Boden und nickte.

Da fühlte ich, wie Theresa den Arm um mich legte. »Blas nicht unnötig Trübsal«, sagte sie. »Pass auf, ich erkläre es dir.«

*

Wir hatten uns den sechzehnten Oktober ausgesucht. Den Geburtstag meines Mannes. Alles war gut vorbereitet. Ich hatte Unterlagen unterschrieben, Vorkehrungen getroffen, Überweisungen und Daueraufträge getätigt und Theresa hatte mir hundertmal, nein, tausendmal alles haargenau auseinandergesetzt. Trotzdem war ich aufgeregt. Aber wer wäre das nicht an meiner Stelle gewesen?

Ich freute mich auf meine Zukunft. Ich *hatte* wieder eine Zukunft. Ich würde dem Altersheim entfliehen. Den zerkochten Lumpen und Flöhen, dem Geruch der Inkontinenzwindeln, der Langeweile und Einsamkeit. Mit Sophia in Castellabate. Theresa hatte Anzeigen geschaltet und wir hatten gemeinsam die Bewerberinnen gesichtet. Sophia war mir sofort sympathisch gewesen. Sophia mit ihren großen dunklen Augen und schwarzen Locken. Eine hübsche Frau. Und das Beste: Sie war rundlich. Da passten wir gut zusammen.

Um acht Uhr abends nahm ich die Tabletten. Zwei Stück, denn Theresa hatte gesagt, dass eine Tablette bei meinem Körpergewicht zu wenig Wirkung habe. Als ich nachfragte, ob ich denn davon auch wirklich wieder aufwachen würde, beruhigte sie mich. Die doppelte Menge würde mir nicht schaden. Höchstwahrscheinlich. Ein

Restrisiko bestünde immer. Aber wer nicht wagt, der nicht gewinnt.

Das Abenteuer konnte beginnen. Ich putzte mir die Zähne, zog mein neues Nachthemd an und legte mich ins Bett. Ich faltete meine Hände über dem Bauch und wartete. Zur Einstimmung dachte ich an Castellabate, das Meer, die Pasta und fiel in einen tiefen Schlaf.

Radau weckte mich. Es brannte Licht. Menschen liefen in meinem Zimmer herum. Schwester Renate und Tanja, die Praktikantin. Die Kleine hatte mich gefunden. Das war so nicht geplant gewesen, jetzt jedoch nicht mehr zu ändern. Ich war ihre erste Leiche. Deshalb war sie lauter als nötig. Sie beugte sich über mich und rief meinen Namen. Aber ich konnte nicht antworten. Ich konnte mich überhaupt nicht bewegen. Nicht einen Millimeter.

Theresa hatte es mir vorher beschrieben, aber ich hatte es nicht für möglich gehalten. Jetzt erlebte ich es. Ich hörte, ich fühlte, aber ich war unfähig, zu reagieren. Meine Lider über den geschlossenen Augen zuckten nicht einmal. Es war unglaublich.

Die Altenpflegerin nahm es gelassener. Auch wenn ich mit achtundsiebzig noch vergleichsweise jung war und auch keine schwerwiegenden Krankheiten gehabt hatte, war mein plötzliches Ableben nichts Ungewöhnliches. Es kam immer wieder vor, dass ein Bewohner über Nacht verstarb. Dieser Ansicht war auch Dr. Steinhuber, den sie gerufen hatten. Er tastete nach meinem Puls, leuchtete in meine Augen und hörte meinen Brustkorb ab. Ohne weitere Umstände zu machen, drückte er mir die Augen wieder zu und stellte den Totenschein aus. Ich hörte seinen Kugelschreiber über das Papier gleiten.

Wehmütig wurde ich, als mein Sohn kam, um sich von mir zu verabschieden. Ihn hätte ich gerne noch ein letztes Mal gesehen. Aber ich bekam meine Augenlider beim besten Willen nicht mehr auf. Wer weiß, vielleicht war es besser so.

»Jetzt hast du's geschafft, Mutti«, sagte Walter und streichelte meine Wange. Oh, mir war zum Weinen zumute! Aber keine Träne quoll zwischen meinen Wimpern hervor und verriet mich.

Kaum war mein Sohn zur Tür hinaus, kamen die Herren vom Bestattungsdienst. Jürgen und Schmiddi. Ich hatte sie letzte Woche kennengelernt, als wir im Haus einen anderen Todesfall hatten. Nette Jungs, aber nicht unbedingt die Klügsten. Allerdings musste man das in ihrem Gewerbe wohl auch nicht sein.

»Guude, Alma«, sagte Jürgen leise.

»Hallo, Jürgen«, dachte ich.

Die beiden nahmen mich vorsichtig hoch und legten mich in den Sarg. Theresa hatte mir versichert, dass er präpariert war. Sie hatten extra für diese Aktionen Luftlöcher in die Seiten gebohrt. Trotzdem hatte ich ein ungutes Gefühl, in einem Sarg zu liegen. Das konnte auch der weiche Samt, den ich unter meinen reglosen Fingerspitzen fühlte, nicht verhindern.

Auf der Fahrt in das Bestattungsinstitut wurde mir schummrig. Jürgen war ein rasanter Leichenwagenchauffeur. Außerdem bekam ich nicht genügend Luft. Ich wollte tief durchatmen, aber mein Zustand ließ nur eine extrem flache Atmung zu. Panik stieg in mir hoch. Was passierte, wenn ich ohnmächtig wurde?, dachte ich und schon entschwanden meine Sinne.

Langsam kam ich wieder zu mir. Das Schaukeln hatte aufgehört und durch meine geschlossenen Lider nahm ich Helligkeit wahr. Ich meinte auch, die Wärme einer Lampe auf meinem Gesicht zu spüren. Anscheinend waren wir angekommen.

Allmählich drangen auch Worte in mein Bewusstsein.

»Es war der falsche. Mensch, war ja net Absicht.« Das war Jürgens Stimme.

»Mensch, der schaut genauso aus, nur mit ohne Löcher«, sprach er weiter. Er klang trotzig. »Hat heut länger gedauert. Der Verkehr, weischd. Ein fürchterlicher Stau. Die wollen alle aufs Lolls. Und dann noch der Unfall. Wir sind net weitergekommen. Keine Ahnung, ob sie noch lebt. Wie soll ich das wissen? Mommendemal, Schmiddi, zwick sie amal.«

»Warum ich?«

»Weil ich gerad telefonier, Deeskopp.«

Schmiddi grunzte. Dann fühlte ich kurz einen Schmerz in meinem Arm. Selbstverständlich reagierte kein Muskel in meinem Körper. Ich wurde wieder müde.

»Hat sich net bewegt. Ja. Muss sie net bald aufwachen? Genau. Was?« Jürgen hatte hörbar die Luft eingesogen.

»Das kannst jetzt net von uns verlangen, Theresa. Wie? Natürlich will ich net ins Gefängnis. Naa, der Schmiddi will auch net ins Gefängnis.«

»Jesses naa, wieso Gefängnis?«, schrie Schmiddi und weckte mich aus meinem Dämmerzustand.

Der Schmiddi musste ins Gefängnis? Warum? Die Müdigkeit drückte meine Gedanken bleiern ins Dunkel. Vielleicht sollte ich einfach ein bisschen schlafen.

»Babbel net, Deeskopp. Ja, Theresa, ja, ich hab's kapiert. Ja, so machen wir's. Gut. Adschö!« Jürgen warf das Telefon auf den Tisch. »Verdammder Scheißdregg!«, fluchte er und schlug an meinen Sarg. Ich schreckte auf. Innerlich.

»Was is?«, fragte Schmiddi.

Das wollte ich auch noch wissen und dann würde ich endlich schlafen.

»Wenn die Kruschel in einer Stunde net aufwacht, fahr ma sie ins Kremadorium.«

Kremadorium? Die Bedeutung des Wortes war mir nicht sofort parat. Aber es hörte sich beunruhigend an.

»Wieso des?« Schmiddis Stimme überschlug sich.

»Weil die Polizei im Heim herumschnüffelt, sagt die Theresa. Die Marion hat sie schon lang auf dem Kieker. Sie hat die Theresa wahrscheinlich zu oft mit der Alma gesehen. Und dann ist die Alma plötzlich tot. Genau an dem Tag, an dem die Marion frei hat. Sie hat die Theresa angeschrien und dann hat sie die Bullen geholt. Theresa hat die restlichen Tabletten schon im Aabee runtergespült. Sie sagt, sie geht erst mal auf Tauchstation.«

»Mensch, dann ist es aus mit unserem G'schäfd?«

»Schaut so. Zwick sie noch amal. Tut sich nix, hä? Ich ruf amal an, ob ein Termin frei is.«

Das hörte sich nicht gut an. Gar nicht gut. Ich sollte … jetzt lieber aufwa…

Lumpen und Flöhe

Ein derber Name für ein schlichtes Gericht aus Bad Hersfeld. Offenbar erinnerten die Blätter des Weißkohls die Landfrauen beim Kochen an Lumpenfetzen. Und die Kümmelsamen sprangen im Kochtopf herum wie Flöhe. Heute wird das Kraut als Beilage zu Lammfleisch und geröstetem Speck serviert.

Zutaten für 4 Portionen:
400 g frischer Schweinebauch (mager)
2 große Zwiebeln
50 g Dörrfleisch
30 g Butter oder Rapsöl
600 g geputztes Weißkraut
600 g geschälte Kartoffeln
2 EL Kümmel
Salz, Pfeffer
125 g Schmand
1 Bund Petersilie
Wasser

Zubereitung:
Schweinebauch in mundgerechte Würfel schneiden. Dörrfleisch und Zwiebeln in feine Würfel schneiden. Beides in Butter oder Rapsöl andünsten.

Den Schweinebauch zugeben und weiter anbraten, bis er leicht Farbe bekommt. Das Weißkraut in kleine Stücke schneiden, die Kartoffeln würfeln, beides zum Fleisch geben und einige Minuten andünsten. Dann mit Wasser aufgießen, sodass alles knapp bedeckt ist und mit Kümmel, Salz und Pfeffer würzen.

Aufkochen lassen und bei geringer Hitze 30 bis 45 Minuten garen. Die Flüssigkeit soll dabei etwas einkochen, dadurch wird der Eintopf sämiger.

Kurz vor dem Anrichten die Petersilie fein hacken und zugeben. Noch einmal abschmecken. Die Lumpen und Flöh pro Person auf einem Teller anrichten und obenauf für jeden einen Klecks Schmand setzen. Wer die ganzen Kümmelkörner nicht mag, der kann auch gemahlenen Kümmel nach Geschmack verwenden.

Zu dem deftigen Gericht passt ein kräftiges Bauernbrot.

BRIGITTE LAMBERTS

Mord in Haubern

(HAUBERN)

»Das zieht sich aber noch ganz schön hin«, seufzt Ingrid und schaut aus dem Autofenster. »Ob die anderen bereits da sind?«

Wolfgang wuschelt mit der Hand durch seine immer noch dichten, grauen Haare. »Glaube ich nicht. Klaus hat von Berlin aus die längste Anfahrt und Jörg verfährt sich doch immer so gerne.«

Ingrid lacht. Sie freut sich auf das alljährliche Wiedersehen mit den zwei Schulfreunden ihres Mannes. Was haben sie nicht schon alles mit den beiden, nebst wechselndem Anhang, erlebt.

»Ich bin gespannt auf die neue Freundin von Klaus. Hoffentlich ist es diesmal die Richtige für ihn.«

»Die Chancen stehen nicht schlecht. Immerhin ist sie eine Kollegin und bringt bestimmt mehr Verständnis für seine Arbeit auf als die Frau davor.«

»Ist die Neue Rechtsmedizinerin?«

»Nein, sie ist Internistin, glaube ich und arbeitet ebenfalls an der Charité.«

Ingrid kichert. »Da habt ihr zwei ja schon eine Gemeinsamkeit: Eure Klientel lebt in der Regel noch.«

Wolfgang grinst. »Ja, ich weiß, wir drei sind ein Dreamteam: ein Hauptkommissar, ein Bestatter und ein Rechtsmediziner.«

Ingrid hebt den Arm und zeigt auf ein Schild: »Schau mal, Frankenberg noch zehn Kilometer. Der Ortsteil Haubern ist sicher auch ausgeschildert. Gleich haben wir es geschafft.«

Nach wenigen Minuten biegt Wolfgang auf den Parkplatz des Hotels *Zum Schepperling* ein. Er steigt aus, streckt sich und betrachtet dann den alten Gutshof, ein Fachwerkhaus, umrankt von Efeu.

»Da bin ich mal neugierig, was Jörg ausgesucht hat.«

Ingrid ist ebenfalls ausgestiegen und blickt sich um. »Bisher hatte Jörg immer ein glückliches Händchen und das Hotel macht einen vielversprechenden Eindruck.«

»Wir sind ja nicht so anspruchsvoll: köstliche Küche, exzellente Weine, eine gehobene Ausstattung, freundliches Personal und landschaftlich schön gelegen, mehr erwarten wir nicht«, kommt es augenzwinkernd von Wolfgang. Er ist froh, das Polizeipräsidium in Düsseldorf wenigstens für dieses Wochenende weit hinter sich gelassen zu haben. Er zuckt zusammen, als ein Wagen mit quietschenden Reifen auf den Parkplatz fährt, Oberhausener Kennzeichen.

»Hat er es doch gefunden«, freut sich Wolfgang und geht auf das Auto zu, um Jörg und dessen zweite Frau Elke zu begrüßen.

»Na du Leichenfledderer, gute Reise gehabt?«

Jörg grinst. »Ich habe niemand überfahren, um mein Geschäft anzukurbeln, wenn du das meinst.«

»Deine Witze waren auch schon mal besser!« Diese Bemerkung kann sich Wolfgang nicht verkneifen.

Kurz darauf hält ein weiteres Fahrzeug.

»Prima, dass ihr auch schon da seid.« Mit diesen Worten begrüßt Jörg seinen Freund Klaus und dessen Begleitung. Unverhohlen mustert er sie.

»Ja, ich bin die Neue vom Chefarzt, Corinna«, kommt es wohlgelaunt von ihr.

Jörg lächelt sie an. »Um neunzehn Uhr beginnt das Festmahl und wir wollen uns noch etwas frisch machen.« Schon greift Jörg nach seinem Gepäck und fordert die Runde mit einer Handbewegung auf, ihm Richtung Rezeption zu folgen. Er kennt seine Freunde, wenn die erst einmal zu plaudern beginnen, stehen sie noch in einer Stunde auf dem Parkplatz vor dem Hotel.

Das kleine Restaurant ist geschmackvoll eingerichtet. Alte Landschaftsbilder schmücken die Wände, weiße Tischwäsche, silbernes Besteck, viele Kerzen und ein offener Kamin, in dem die Holzscheite knistern, geben dem Raum eine anheimelnde Atmosphäre. Die drei Paare schauen sich kurz um und steuern dann auf einen Tisch in der Nähe des Kamins zu. Die Freunde rücken aufmerksam ihren Frauen die Stühle zurecht.

»Du hast ja diesmal nichts verraten«, wendet sich Ingrid an Jörg. »Welche kulinarische Besonderheit bekommen wir denn heute Abend kredenzt?«

»Schepperlinge«, ist seine kurze Antwort. Jörg studiert interessiert die Weinkarte. Als er aufblickt, schauen ihn alle fragend an.

»Schepperlinge? Na, da bin ich aber neugierig, was das ist und noch wichtiger, wie es schmeckt.« Wolfgang streicht erwartungsvoll über seinen kleinen Bauchansatz.

Jörg lacht auf. »Lasst euch überraschen. Das traditionelle Schepperlingsessen ist eine Spezialität von Haubern, dem ältesten Stadtteil von Frankenberg. Es wird in diesem Restaurant nur im November serviert. Aber ich will euch so viel verraten: Scheppen kommt von Schöpfen«.

»Also, mir hilft das nicht weiter«, sagt Jörgs Frau Elke belustigt, die offensichtlich auch nicht eingeweiht ist. In diesem Augenblick öffnet sich die breite Tür zur Küche. Drei junge Serviererinnen balancieren gekonnt Teller mit noch dampfenden goldbraunen Puffern auf ihren Unterarmen.

Die Freunde schauen begeistert auf die Schepperlinge, die so groß sind wie kleine Fäuste und liebevoll arrangiert den ganzen Tellerboden bedecken. Dazu bekommt jeder eine Sauciere mit zerlassener Butter, Speck und Zwiebeln gereicht.

»Wenn Sie mehr von unserer mittelhessischen Spezialität haben möchten, ein Wink genügt, dann bringe ich weitere. Die sind köstlich und da geht immer noch einer«, verrät eine der jungen Serviererinnen gutgelaunt.

Wolfgang wischt sich mit der Serviette über die Lippen, nimmt noch einen Schluck Grauburgunder und lässt diesen genüsslich im Mund kreisen. Dann lehnt er sich in seinem Stuhl zurück und atmet einmal tief durch. »Die Überraschung ist dir wirklich gelungen, Jörg. So fantastische Puffer habe ich bisher noch nicht gegessen.«

Doch bevor Ingrid Wolfgang strafend anblicken kann, da er sonst immer behauptet, ihre Puffer seien die besten auf der ganzen Welt, hören sie ein lautes Gepolter aus der Küche. Schon stürzt ein schlanker Mann mittleren Alters in seiner Kochmontur durch die Tür und ruft verzweifelt: »Ist ein Arzt unter den Gästen?«

Klaus und Corinna springen sofort auf und rennen los. Ein älterer Mann liegt bewusstlos am Boden. Er ist übergewichtig. Seine Lippen sind blau angelaufen. Corinna überprüft Puls und Atmung, reißt beherzt die Kochjacke über der Brust des Mannes auf und beginnt mit der Wiederbelebung. Nach wenigen Minuten übernimmt Klaus, dann wieder Corinna. Plötzlich steht eine verhärmt aussehende Frau, die den Abend Dienst an der Rezeption hatte, an der Küchentür und ruft entsetzt: »Was ist mit meinem Mann?« Sie zittert am ganzen Körper. Geistesgegenwärtig führt Ingrid die verzweifelte Frau in den Gastraum. Schon hört man die Sirenen des Rettungswagens, dessen Notarzt von einer der jungen Bedienungen verständigt wurde.

Als dieser in die Küche kommt, überlassen Corinna und Klaus ihm die weitere Reanimation. Die Freunde sitzen noch im Restaurant zusammen und versuchen, die Ehefrau des Chefkochs zu beruhigen.

Das Licht ist gedimmt, im Kamin flackert ein kleines Feuer. Wolfgang, ganz der Hauptkommissar, hat zwischenzeitlich mit dem Personal geredet. Nun betrachtet er die kleine, verhärmte Person, die vor sich hinmurmelt: »Da stimmt etwas nicht! Da stimmt etwas nicht!«

Wolfgang wird hellhörig. »Was stimmt nicht?«, fragt er wenig einfühlsam. Doch anstelle einer Antwort starrt die Frau ihn nur mit aufgerissenen Augen an. Wolfgang erhebt sich und geht entschlossen zur Rezeption, um sich mit der Polizeiwache in Frankenberg verbinden zu lassen.

Die anderen Gäste sind entweder nach Hause gegangen oder haben sich auf ihre Zimmer zurückgezogen. Der Notarzt muss die Reanimation abbrechen, kann nur noch den Tod feststellen. Er wischt sich erschöpft über die Stirn und betritt den Essraum. Dann geht er zielstrebig zur Ehefrau des Chefkochs, die sichtlich unter Schock steht. Er beugt sich zu ihr hinunter und spricht sie an. Doch seine Worte erreichen sie nicht, völlig apathisch sitzt sie auf dem Stuhl. Behutsam schiebt er den Ärmel ihrer Bluse hoch und setzt eine Beruhigungsspritze. Suchend schaut er sich um und winkt dann einer der Serviererinnen zu, um die Frau nach oben in ihre Wohnung über dem Hotel bringen zu lassen. Daraufhin setzt er sich an den Tisch, zieht einen Formularblock aus der Brusttasche seiner roten mit Reflektoren besetzen Jacke und beginnt den Totenschein auszufüllen. Die Tür zum Kaminzimmer wird aufgestoßen und ein Polizeibeamter in Uniform betritt den Raum.

Der Notarzt erhebt sich von seinem Stuhl. »War nichts mehr zu machen«, sagt er bedauernd zu Polizeiobermeister Debus, den er schon seit Jahren kennt.

Klaus, der Rechtsmediziner, ist neugierig. »Und, was haben Sie diagnostiziert?«

»Herzstillstand«, sagt der Arzt kurz und überreicht den Totenschein Polizeiobermeister Debus. Der wirft einen kurzen Blick darauf. »Dann ist ja alles klar.« Er blickt in die Runde. »Sie sollten sich jetzt auch zurückziehen«, kommt es von ihm freundlich, aber bestimmt.

Eigentlich ist Klaus ein besonnener und geduldiger Mensch. Doch er weiß nur zu gut, wie schwer sich Ärzte bei der äußeren Leichenschau tun. Viel zu viele Tötungsdelikte werden hier übersehen, zumal wenn der Arzt den Toten gekannt hat. Und davon ist in einer Kleinstadt mit nicht einmal 18.000 Einwohnern auszugehen.

Klaus kann nicht anders. An den Arzt gewandt platzt es aus ihm heraus: »Nach der erfolglosen Reanimation waren Sie keine fünf Minuten bei dem Toten. Da können Sie mir nicht erzählen, dass Sie eine gründliche Leichenschau vorgenommen haben.«

»Schon seit Jahren bin ich der behandelnde Arzt des Verstorbenen. Zufällig habe ich heute Notdienst. Ich kann Ihnen versichern, er war herzkrank!«, kommt es schnippisch vom Notarzt zurück. »Wer sind Sie eigentlich? Was geht Sie das an?«

»Prof. Dr. Klaus Berend, Chefarzt des Rechtsmedizinischen Instituts der Charité«, kommt es nun ungehalten. »Meine Kollegin und ich«, er zeigt auf Corinna, »haben, wie Sie sehen konnten, Erste Hilfe geleistet.«

Schon mischt sich Debus ein, der den Fall offensichtlich abschließen möchte. »Was soll das jetzt? Wollen Sie etwa ernsthaft behaupten, der Chefkoch ist ermordet worden? Bei uns hier in Frankenberg haben wir noch nie einen Mord gehabt, so etwas passiert hier nicht. Bei Ihnen in der Großstadt vielleicht, aber nicht bei uns.«

Wolfgang mischt sich ein. »Ich habe Ihnen schon am Telefon von dem Verdacht der Ehefrau berichtet. Den können Sie nicht einfach ignorieren.«

»Mache ich auch nicht. Deshalb bin ich ja hier. Aber der Notarzt hat die Todesursache als natürlich klassifiziert. Ich sehe keinen Handlungsbedarf.«

»Ich werde mir den Toten jetzt einmal genauer ansehen«, erwidert Klaus ruhig. Seine Freundin Corinna hat seinen Blick richtig gedeutet und eilt zum Auto, um seinen Arztkoffer für den Notfall zu holen.

»Das untersage ich Ihnen«, kommt es entrüstet von Debus, der sich die Schweißperlen mit einem Stofftaschentuch von der Stirn wischt.

Wolfgang, der seinen Freund und dessen Hartnäckigkeit kennt, versucht zu vermitteln. »Lassen Sie uns ruhig machen, das kann ja nicht schaden.«

»Und wer bitte sind Sie?«

»Hauptkommissar der Mordkommission Düsseldorf. Und wenn Sie nicht sofort kooperieren, dann kriegen Sie richtig Ärger.« Wolfgang reicht es. So viel Sturheit hat er schon lange nicht mehr erlebt. »Hier ist nicht alles so harmonisch, wie es scheint.«

»Sie können nicht einfach bestimmen«, begehrt der Polizeiobermeister auf, der inzwischen einen knallroten Kopf bekommen hat. »Sie haben hier überhaupt keine Weisungsbefugnis.«

Der Notarzt, des Gesprächs überdrüssig, dreht sich um und will gehen. Doch Klaus hält ihn zurück. »Könnten Sie bitte noch warten? Ich möchte nach der Begutachtung mit Ihnen sprechen.«

Und schon sind Klaus, Corinna und Jörg in der Küche verschwunden.

»Hätte ich mir auch nicht träumen lassen, dass wir mal zusammen einen Toten in Augenschein nehmen«, meint Klaus, während er sich über den Chefkoch beugt.

»Tja«, erwidert Jörg, »einmal ist immer das erste Mal. Lass mich den mal entkleiden.«

Auf den fragenden Blick von Corinna sagt Klaus lächelnd: »Da ist Jörg Fachmann, er ist Bestatter.«

Nach einer halben Stunde kommen die drei wieder in den Gastraum. »Der Tote hat einen Einstich in der Innenseite des rechten Oberschenkels. Es sieht ganz danach aus, als ob ihm etwas intramuskulär gespritzt wurde. Also das ganze Programm, bitte«, verlangt Klaus.

Wolfgang schaut den Polizeiobermeister Debus auffordernd an, dessen Gesicht ratlos erscheint.

Klaus stellt dem Notarzt bereits einige Fragen.

»Staatsanwaltschaft benachrichtigen und einen Bestatter beauftragen, den Toten, so schnell es geht, in die Rechtsmedizin zu bringen«, erklärt Wolfgang dem Kollegen Debus die nächsten Schritte. Dieser nickt ihm zu. »Ich rufe in der Rechtsmedizin an. Zuständig dürfte ja wohl das Universitätsklinikum Gießen sein.« Schon zückt er sein Handy und verlässt den Raum.

Der Notarzt verabschiedet sich, es ist spät geworden, er muss zurück zur Leitstelle und diesen ganzen Aufstand versteht er sowieso nicht. So ein Quatsch. Bei der Vorgeschichte ganz klar: Herzstillstand. Er will es einfach nicht glauben, dass der Chefkoch ermordet worden sein soll!

»Und nun?«, fragt Ingrid, auf deren heller Haut sich vor Aufregung kleine rote Flecken gebildet haben. Obwohl schon weit nach Mitternacht, ist bei den Freunden keine Spur von Müdigkeit zu erkennen.

»Wir tragen unsere Eindrücke zusammen«, schlägt Wolfgang vor. In diesem Augenblick kehrt Debus zurück und setzt sich schwerfällig zu der Gruppe an den Tisch. Er sieht angespannt aus.

Wolfgang beginnt: »Ich habe mich vorhin mit den Serviererinnen unterhalten. Kurz bevor der Hilfskoch aus der Küche gerannt kam, waren nur er und der Chefkoch dort.« Wolfgang überlegt kurz. »Wenn dem Toten etwas injiziert wurde, wie schnell kann das wirken, Klaus?«

»Der Notarzt hat mir gesagt, dass der Tote jeden Tag wegen seines hohen Blutdrucks eine relativ hohe Dosis Betablocker einnehmen musste. Je nachdem, was ihm gespritzt wurde, kann die Wirkung schon innerhalb weniger Minuten eintreten.«

»Aber eine Spritze intramuskulär zu setzen muss gelernt sein«, wirft Corinna ein.

Debus rutscht unruhig auf seinem Stuhl hin und her. »Nun ja«, druckst er herum, »Peter ist gelernter Altenpfleger.«

Irritiert fragt Wolfgang: »Wer ist Peter? Der Hilfskoch?«

»Ja, aber er arbeitet erst seit wenigen Wochen hier in der Küche.«

»Und vorher?«

Debus nimmt die Uniformmütze ab und streicht sich verlegen über seine Glatze. »Im Altenheim in Haubern. Da gab es Unregelmäßigkeiten. Den Leuten dort wurde Geld entwendet, Peter wurde verdächtigt und dann ohne großes Aufsehen entlassen.«

»Und wieso hat er hier in der Küche angefangen?«

»Er ist der Bruder vom Koch. Und in so einer kleinen Stadt weiß doch jeder gleich, was los ist. Den stellt niemand mehr ein. Außerdem erzählen sich die Leute, dass er spielsüchtig sei.«

»Spielsüchtig?«

»Ja, er muss wohl ständig vor dem Computer hocken und online Poker spielen.«

»Was haben Sie gesagt?«, unterbricht Ingrid Debus. »Peter ist der Bruder des Toten?«

Er nickt.

»Wo ist dieser Peter jetzt?«, fragt Elke interessiert.

Kurze Zeit herrscht Stille am Tisch. An den Hilfskoch hatte niemand mehr gedacht. Auch bei der Befragung des Personals war er nicht dabei gewesen.

»Seit er um Hilfe gerufen hat, habe ich ihn nicht mehr gesehen«, wirft Ingrid ein und streicht sich eine blonde Haarsträhne hinter das Ohr.

Nachdem die Mitarbeiter des Bestattungsinstitutes den Toten abgeholt haben, bittet Wolfgang die letzte noch verbliebene Serviererin, ihnen einen starken Kaffee zu machen. Mittlerweile ist das Feuer im Kamin erloschen und die Heizungsanlage des Hotels hat sich automatisch heruntergefahren. Dankend nehmen sie den Kaffee in Empfang, der sie wärmen und die aufkommende Müdigkeit vertreiben soll. Nun sitzen sie stumm beieinander, jeder in Gedanken versunken, nachdem sie zuvor dem Gespräch zwischen Debus und Wolfgang interessiert zugehört haben. Der Polizeiobermeister hatte sich etwas beruhigt und die Gelegenheit genutzt, Wolfgang über seine Arbeit bei der Düsseldorfer Mordkommission auszufragen.

Plötzlich hören sie ein lautes metallenes Geräusch aus der Küche. Wolfgang springt auf, läuft hinüber und reißt die große Schwingtür auf. Peter will gerade eine Taschenlampe vom Boden aufheben. Mit schnellen Schritten ist Wolfgang bei ihm. Von der rechten Hand des Hilfskochs tropft zähflüssiger Teig auf den Boden. Reaktionsschnell hält Wolfgang Peter mit einer Hand fest. Dann übergibt er ihn an Debus, der gefolgt ist. Wolfgang ergreift mit beiden Händen den Bottich und gießt den Inhalt, den zähflüssigen Teig, in die Spüle. Er bedient den Hebel. Klares Wasser lässt den Teig langsam im Ausguss verschwinden. Übrig bleibt eine Spritze.

Wieder sitzen alle um den Tisch, diesmal der Hilfskoch in ihrer Mitte. »Sie haben uns einiges zu erklären«, beginnt Wolfgang mit der Befragung, die der Frankenberger Polizeiobermeister ihm nun bereitwillig überlässt. Er hat wohl eingesehen, dass Wolfgang von der Mordkommission doch etwas mehr Erfahrung besitzt als er. Alle lauschen gebannt den geschickten Fragen des Hauptkommissars, der Peter immer mehr in die Enge treibt. Was Wolfgang von den Serviererinnen erfahren hat, ist jetzt Gold wert.

»Geben Sie zu, der Tod Ihres Bruders war Ihre einzige Chance.« Wolfgang rückt mit seinem Stuhl näher an Peter heran und blickt ihm direkt in die Augen. »Ihr Bruder wollte das Hotel verkaufen und mit seiner Frau nach Mallorca übersiedeln. Sie hätten bei den Schulden, die Sie bei ihm hatten, keinen Cent mehr von Ihrem Bruder erhalten. Und Ihren Job wären Sie auch los gewesen.«

»Das stimmt nicht!« Peter fuchtelt aufgebracht mit seiner Hand vor Wolfgangs Gesicht herum. Deutliche Teigspuren sind an den Fingern zu sehen. Einige Spritzer reichen sogar bis zum Ellenbogen.

»Mein Bruder hatte Schulden bei mir. Mir und nur mir wurde das alte Familienrezept der Schepperlinge von unserer Großmutter vermacht. Mein Bruder hat es mir gestohlen, einfach benutzt und nichts dafür bezahlt. Also schuldete er mir eine Menge Geld.«

»Das Geld hättest du doch wieder nur verspielt«, erwidert Debus verächtlich.

Peter verschränkt die Arme vor der Brust. »Ich sage nichts mehr.«

Debus' Handy klingelt. Er spricht kurz, reicht es dann weiter an Klaus. Der hört konzentriert zu, nickt, bedankt sich und beendet das Gespräch. »Die Kollegen waren ziemlich schnell. Wenn man weiß, wonach man suchen muss, ist das ein großer Vorteil. Also, dem Toten wurde Digitalis gespritzt, dessen Basis aus dem hochgiftigen Fingerhut gewonnen wird. Bei Bluthochdruck und der Einnahme von Betablockern führt dieses Präparat in kurzer Zeit zum Herzstillstand.«

Wolfgang schaut Peter direkt an. »Es dürfte für Sie bei Ihrer körperlichen Überlegenheit ein Leichtes gewesen sein, Ihren Bruder zu überrumpeln und ihm die Spritze zu setzen«, kommt es vom Hauptkommissar.

Debus erhebt sich mühsam und legt Peter Handschellen an. »Das sieht schlecht für dich aus.« Er schüttelt bedauernd den Kopf. »Ich muss dich festnehmen.«

Die ersten schwachen Sonnenstrahlen scheinen durch die Fenster in das Restaurant. Jörg geht steifbeinig auf die Bar zu. Es war eine lange Nacht. Er greift nach einer Whiskyflasche und kommt mit sechs Gläsern an den Tisch zurück. »Den haben wir uns verdient. Dann schlafen wir erst mal eine Runde und am Nachmittag schauen wir uns die Sehenswürdigkeiten von Haubern an: die Liebfrauenkirche, die reizvollen Fachwerkhäuser und natürlich die dicke Buche, die über 180 Jahre alt ist.«

Ein lautes Gelächter, in das sich die Anspannung der vergangenen Stunden mischt, ist die Antwort.

Für Ulli Ratz in memoriam,
für einen lieben Freund und meinen ersten, ehrlichen Fan.

Schepperlinge

Zutaten für 6 Personen:
3 kg Kartoffeln
3/4 Würfel Hefe
1/4 l Milch
8 gehäufte EL Mehl
2 bis 3 Eier
eine Prise Salz und Zucker
Butter
Speck

Zubereitung:
Hefe, Milch, Zucker und Mehl zu einem Hefeteig ansetzen und gehen lassen.
In der Zwischenzeit die Kartoffeln schälen und fein reiben. Die Masse durch ein Haarsieb abtropfen lassen, das Kartoffelwasser auffangen. Die sich im Kartoffelwasser absetzende Kartoffelstärke später dem Teig zugeben. Die geriebenen Kartoffeln, Eier und eine Prise Salz mit der Kartoffelstärke zum Hefeteig geben und kräftig vermischen.

Eine große Pfanne mit der Speckschwarte ausreiben. Darin kleine Fladen backen.
Jeweils 2 Esslöffel der Masse recht dünn ausstreichen und auf beiden Seiten goldbraun braten.
Zum Essen die heißen Schepperlinge mit Butter bestreichen. Gut dazu passt Latwerge (Pflaumenmus) oder Zwetschgenmarmelade. Oder auch Duckefett (Speck auslassen, Zwiebelwürfel darin brutzeln).

Als Alternative zur Speckschwarte kann man zum Braten auch Rapsöl oder Butterschmalz verwenden.

URSULA SCHMID-SPREER

Gefährlicher Stammtisch

(Marburg)

»Du bist wie immer die Letzte.«

»So lange ich nicht das Letzte bin, ist mir das wurscht.« Annette Fabian schüttelte ihre rotblonden Locken, hängte ihre Jacke über den Stuhl. Nickte den drei anderen Damen zu. Christine Petermann sah Annette über ihren Brillenrand hinweg an, während Sabine Sonnenstuhl einen kräftigen Schluck vom Elisabeth Hell nahm. Ihre Fingernägel waren sorgfältig manikürt. Den Krug hielt sie mit beiden Händen.

»Es hat natürlich einen Grund, warum ich so spät bin. Ich musste unbedingt noch Markus um die Ecke bringen.«

»Und wie du das machst, ist dir erst jetzt eingefallen?«, erkundigte sich die Vierte in der Runde, Barbara Esser. Sie strubbelte sich über ihre kurz geschnittenen Haare.

»Gut Ding will Weile haben. Schließlich muss man schon genau wissen, wie man jemanden ins Jenseits befördert«, antwortete Annette. »Mir ist nach Bloody Mary«, meinte sie zur Bedienung, die an den Tisch getreten war. »Schön rot bitte und sparen Sie nicht am Wodka. Und ihr so?«, fügte sie noch an. Sie lächelte breit.

»Ich komm irgendwie nicht so recht weiter. Mein Albert weigert sich noch zu sterben. Als ich ihm neulich Digitalis ins Essen gemischt habe, hat er sich übergeben, anstatt zu krepieren.« Sabine machte eine eindeutige Handbewegung Richtung Mund.

»Dann war die Dosis wahrscheinlich zu gering. Noch einen Ladykiller, bitte«, orderte Christine bei der vorbeieilenden Bedienung.

»Bärlauch kann man ganz leicht mit Maiglöckchen verwechseln, versuche es doch mal damit.« Barbara blätterte die Speisekarte um. »Ich habe im Internet nach Giftpflanzen recherchiert. Irgendwie ist mir jetzt nicht nach Gemüse, sondern nach Fleisch. Habt ihr schon gewählt?«

»Ich kann Ihnen Schweinepfeffer empfehlen«, sagte die Frau, die Christine den Ladykiller hinstellte. »Wir haben ihn heute frisch zubereitet.«

»Was meint ihr, Mädels?« Annette sah die Damen an, und als sie ein Nicken bekam, orderte sie vier Mal Schweinepfeffer.

Im selben Moment hörte man das Geläut der gegenüberliegenden Elisabethkirche.

»Marburg ist schon ein schönes Städtchen. Wenn ich mir vorstelle, dass ich gar nicht hierher wollte. Aber die zentrale Vergabestelle der Studienplätze hat mich damals nach Marburg geschickt.« Sabine Sonnenstuhl griff zu ihrem Bierkrug und nahm erneut einen kräftigen Schluck.

»Mist, jetzt ist mein Fingernagel abgebrochen. Diese Krüge sind aber auch schwer. Trotzdem, Prost, meine Damen!«

»Auch wenn du nur ein paar Semester Medizin studiert hast, liebste Sabine, so bist du uns doch eine unschätzbare Hilfe bei neuen Mordmethoden geworden.« Annette nickte ihrer Freundin zu und erhob ihr Glas.

»Mir fällt gerade ein – wie wäre es mit einer Überdosis Insulin?«, fragte Barbara. »Das baut sich doch ab, oder, Sabine?«

»Stimmt«, antwortete die Angesprochene. »Das könnte gehen. Vor allen Dingen, wenn der Rechtsmediziner den kleinen Einstich übersieht.«

Christine klatschte in die Hände. »Genau, ein Stich zwischen die Zehen fällt bestimmt nicht weiter auf.«

»Lassen Sie es sich schmecken, meine Damen.« Die Kellnerin stellte vier Teller mit dampfendem Schweinepfeffer auf den Tisch. »Hier sind die Kartoffeln und den Kartoffelbrei finden Sie in dieser Schüssel. Guten Appetit!«

»Hm, das sieht delikat aus. Lecker! Lasst es euch zu einem Schmerbauch gedeihen.« Sabine hob die Hand und bestellte vier Bloody Marys. »Ich lade euch ein, Ladys.«

Christine fuhr mit der Zunge über die Lippen.

»Prost, meine Damen. Euch fallen immer so tolle Dinge ein, wie man Männer um die Ecke bringen kann. Auf uns! Sie hob das Glas und prostete ihren Freundinnen zu. Dann nahm sie einen Bissen und meinte: »Ich schmeck den Majoran raus und die Wacholderbeeren, wirklich fein.«

»Ja, die machen das hier sehr gut. Meinem Albert würde das auch munden. Wenn ich etwas mehr vom Majoran nehme, dann könnte das den Geschmack von Zyankali übertünchen. Was meint ihr?«

»Nein, das geht gar nicht. Essen vergiften wir nicht«, sagte Barbara. Sie legte ihr Besteck ab und sah sich im rustikalen Braukeller um. »Dann schon eher wie einen Selbstmord aussehen lassen. Das erscheint mir besser.«

»Du kannst ihn ja von der Elisabethkirche hinunterschubsen. Oder vom Landgrafenschloss. Dein Albert interessiert sich doch für Kunst- bzw. Bauhistorisches. Und im Schloss findest du davon jede Menge. Einen Ausflug arrangieren ist doch keine große Kunst.«

Annette nickte ihrer Freundin Sabine zu. »Der Tipp ist gut, danke. Muss ich mir gleich merken.«

Das Gekicher nahm zu. Nach den Cocktails wollten die Damen das typische Elisabeth-Bier, diesmal dunkel, kosten.

»Wenn wir unsere Männer um die Ecke gebracht haben, könnten wir uns hier wieder treffen und alles Weitere besprechen.« Christine sah in die Runde.

»Ich glaube, daraus wird nichts, meine Damen.« Ein Mann mit einer sehr dunklen Stimme trat an den Tisch.

Er erinnerte entfernt an eine Figur aus dem Fernsehen mit seinem Hut und dem Trenchcoat.

»Erster Hauptkommissar Hans-Rüdiger Kruschinsky. Kripo. Wir haben einen Tipp erhalten, dass Sie hier ein Mordkomplott inszenieren. Kommen Sie bitte unauffällig mit.«

Die vier Damen sahen sich an, dann begann Annette glucksend zu lachen. Christine und Barbara stimmten mit ein. Sabine klopfte sich nicht gerade ladylike auf den Oberschenkel und prustete schallend los.

»Ich hab's euch gesagt«, rief sie. »Irgendein Fremder, der uns zuhört und ein paar Brocken aufschnappt, glaubt, wir wären Mörderinnen oder würden einen Mord besprechen. Ich lach mich schepp!«

»Mir ist nicht zum Lachen. Kommen Sie jetzt bitte.«

»Herr Kommissar, seien Sie versichert, dass wir ganz harmlose Frauen sind. Wirklich ganz harmlos. Und unsere Mordgelüste, äh Essensgelüste, bewegen sich auf kulinarischer Ebene – außerdem ...«, Annette hielt kurz inne. Sie hatte Schluckauf vom Lachen und deutete auf Christine, dass diese weitersprechen sollte.

»Außerdem sind wir ein Krimistammtisch. Wir schreiben unter dem Pseudonym die Krimiladys. Wir verfassen Kriminalromane und haben uns den neuesten Plot unserer Geschichten erzählt.«

Und Sabine fügte dazu: »Ladys, das ist schon wieder eine Geschichte wert. Dürfen wir Ihren Namen verwenden, Herr Kommissar?«

Schweinepfeffer

Schweinepfeffer beschreibt ein kräftig gewürztes Schmor-gericht aus Schweinefleisch, dessen Soße Schweineblut enthält. Hierfür wird durch den Wolf gedrehtes Schwei-nefleisch in einer Marinade aus Essig, Wein, Öl, Zwiebeln und Gewürzen wie Nelken, Lorbeeren und Pfeffer einge-legt, in Rotwein geschmort und mit Schweineblut gebun-den.

Zutaten:
0,5 l frisches Schweineblut
800 g ganz frisches Schweinefleisch aus der Schulter oder dem Bauch
1 Zwiebel
10 Nelken
ein halber Teelöffel schwarzer Pfeffer, Muskat
1 Lorbeerblatt
5 Wacholderbeeren
Majoran
Salz
6 bis 8 Scheiben Roggenbrot
100 g fetter Schweinespeck
40 g Roggenmehl
1 Schuss Essig nach Geschmack

Zubereitung:
Das frische Schweinefleisch wird mit der Zwiebel und den Gewürzen in gesalzenem Wasser gekocht, bis das Fleisch gar ist. Dann nimmt man dieses heraus und seiht die Brühe durch ein Sieb.

Das Roggenbrot in Würfel schneiden, anschließend die Brotwürfel in einen Topf geben und mit 1 Liter der Brühe übergießen. Das Brot weichen lassen und dann mit einem

Mixer fein pürieren. Es muss sehr sämig sein, evtl. noch etwas Brühe auffüllen.

Den Speck in feine Würfel schneiden und diese in einem großen Topf auslassen. Das Roggenmehl darüber stäuben und die Brotmasse darauf geben. Schnell mit einem Schneebesen glatt rühren. Das Ganze aufkochen lassen und dann das Schweineblut durch ein Sieb langsam in die Brotmasse geben.

Es muss kräftig im Topf gerührt werden. Aufkochen lassen und nun so lange weiterrühren, bis der Schweinpfeffer eine dunkelrotbraune Farbe hat (der Schweinepfeffer sollte wie Schokoladenpudding aussehen). Zum Schluss noch mal abschmecken und einen Schuss Essig zugeben.

Das Schweinefleisch aufschneiden und mit Salzkartoffeln oder Kartoffelbrei servieren.

DIE AUTOREN

PAULA BENGTZON
(*1958), lebt und arbeitet in Bochum. Wenn sie nicht schreibt, widmet sie sich mit Leidenschaft ihren Kochexperimenten. Schreiben und Kochen sind Tätigkeiten, die sich hervorragend ergänzen: Ohne gute Zutaten geht es nicht.

FENNA WILLIAMS
(*1956), lebt und arbeitet in Wiesbaden und überall dort, wohin die Recherchen ihrer Krimiserien, ihrer Kurzgeschichten und ihres Blogs sie führen (www.genussliga.de). Fenna hat vier Passionen: Schreiben, Shakespeare, Single Malt Whisky und den Wunsch, diese drei Dinge immer wieder zu verbinden.
Wenn es Paula in ihrer Wohnung zu eng oder Fenna am Schreibtisch zu einsam wird, machen sie sich gemeinsam an Geschichten, mit denen sie sich selbst und andere durch gepflegten Schwarzen Humor unterhalten möchten.

LILO BEIL
(*1947) wuchs in einem südpfälzischen Pfarrhaus auf. Nach dem Studium der Anglistik und Romanistik in Heidelberg unterrichtete sie 36 Jahre lang an einem Odenwälder Gymnasium. Die Mutter von drei erwachsenen Töchtern lebt mit ihrem Mann und Hund Lennie nahe Weinheim.
Veröffentlichungen: Acht Kriminalromane, davon sieben um den sympathischen Kommissar Friedrich Gontard, fünf Erzählbände, davon zwei mit Kurzkrimis, Beteiligung an zahlreichen Anthologien (fast alle im Wellhöfer Verlag erschienen). Mitglied im Syndikat und des Literarischen Vereins der Pfalz.

ALEX CONRAD

(*1965), lebt seit 2000 auf Mallorca. Im Sommer 2010 trat sie als Gründungsmitglied dem Autorenkreis Son Baulo bei. Angeregt durch das Leben auf Mallorca entstanden die »Mallorca Schattengeschichten« als Gemeinschaftsprojekt mit Elke Becker. Verschiedene Veröffentlichungen in Anthologien, die meist mörderisch angelegt sind, wie in »Das Haus der 13 Mörder« oder »Fränkische S(ch)auerbraten« folgten. Zurzeit arbeitet sie an weiteren und Kurzgeschichten und ihrem ersten Roman. Mehr unter www.alex-conrad.com

SABINE FINK

(*1969, Dortmund), lebt nach Stationen in Köln, Braunschweig und Hongkong mit ihrer Familie in Mittelfranken. Die gelernte Informatikerin war einige Jahre in der Erwachsenenbildung tätig. Später sattelte sie um, betreute Kinder und Jugendliche in einer offenen Ganztagsschule. Inzwischen arbeitet sie als Museumspädagogin sowie als freie Autorin. Neben kriminellen Kurzgeschichten veröffentlicht sie Erlangen-Krimis im Gmeiner-Verlag. Nach verhängnisvollen Bausünden in »Kainszeichen« (2011) folgte mit »Judasbrut« (2013) ein Biowaffenanschlag auf der Erlanger Bergkichweih. In »Dreikampf« (2015) werden Triathlonveranstaltungen zum mörderischen Schauplatz.

ANNE GRIESSER

studierte Ethnologie und Germanistik, bevor sie auf die schiefe Bahn geriet. Nach einigen Ausflügen ins seriöse Berufsleben schreibt sie heute hauptsächlich über Mord und Totschlag. Als Autorin (Kurzgeschichte, Roman, Hörspiel, Theater), Herausgeberin und Krimi-Entertainerin schwingt sie in Freiburg die Feder und so manches blutige Theaterrequisit.

Sie ist Mitglied bei den Mörderischen Schwestern und im Syndikat.

Zuletzt erschienen ihr historischer Roman Das Heilige Blut und im Wellhöfer Verlag der Freiburg-Krimi Die tote Spur.

www.anne-griesser.de

YVONNE GÖRLACH

lebt mit Familie und Traumberuf im Süden Darmstadts. Sie studierte Theater-, Film- und Medienwissenschaften, Vor- und Frühgeschichte, Psychoanalyse. Im Anschluss absolvierte sie die Drehbuchwerkstatt in München. Bis heute begleitet sie dort Stipendiaten bei der Entwicklung ihrer Bücher mit ihrem Konzept: heart of story (www.heartofstory.de). Neben den Tätigkeiten als Journalistin, Redakteurin, Lehrerin, Dozentin und Dramaturgin, legt sie inzwischen viel Wert darauf, Zeit für das eigene Schreiben zu behalten. Ihr Interesse gilt dabei den Schatten der menschlichen Seele und der psychologischen Archäologie ihrer Verletzungen.

ANNE HASSEL

Mitglied bei den Mörderischen Schwestern und im Syndikat.

Bisherige Veröffentlichungen: zwei Kriminalromane, zwei Märchenbücher, zwei Kinderbilderbücher (Esslinger Verlag), e-Books, viele Beiträge in Anthologien sowie Kindergeschichten in Tageszeitungen und Kinderzeitschriften, Kinder- und Erwachsenen-Theaterstücke sowie Mitherausgeberin von mehreren Anthologien.

MARCUS IMBSWEILER

aufgewachsen im Saarland, lebt seit 1990 in Heidelberg. Er arbeitet als freier Musikredakteur für Rundfunkanstalten und Sinfonieorchester in ganz Deutschland sowie als Schriftsteller. Bekannt wurde er durch seine Krimireihe um den Heidelberger Privatermittler Max Koller, die er 2015 mit dem achten Band abschloss. Außerdem schrieb er Romane über die Komponisten Franz Liszt und Richard Wagner. Mehr unter www.marcus-imbsweiler.de.

SIMONE JÖST
ist Krimiautorin und lebt im Odenwald. Das Handwerk des Schreibens ist ihre Leidenschaft. Sie absolvierte ein Belletristikstudium und publizierte zahlreiche Kurzgeschichten in Anthologien. Sie sammelte Erfahrungen im Verlagswesen, ist Herausgeberin diverser Krimibände, veranstaltet Lesungen und vergisst darüber hinaus schon einmal, dass sie keiner Fliege etwas zuleide tun kann. www.simonejoest.de

BRIGITTE LAMBERTS
ist promovierte Kunsthistorikerin, PR-Beraterin und Redakteurin. Nach Stationen in Museen, PR-Agenturen und Verlagen hat sie sich im Bereich Corporate Publishing selbständig gemacht. Als begeisterte Krimileserin wollte sie es endlich wissen: Klappt das auch mit dem Krimischreiben? Mittlerweile sind zwei Düsseldorf-Krimis, in Zusammenarbeit mit ihrer Co-Autorin, bei edition oberkassel Verlag in Düsseldorf erschienen: »Ausgeweidet« und »Totgetanzt«. Der dritte Krimi der Serie um das Team Clemens von Bühlow erscheint Anfang 2016.

KARIN MENEIDA
ist ein Pseudonym des Hamburger Autors Kai Riedemann. Jahrgang 1957, geboren in Elmshorn (Schleswig-Holstein). Studium der Germanistik und Allgemeinen Sprachwissenschaft in Hamburg, Dissertation über die Comic-Strip-Serie »Peanuts«. Tätig als Redakteur bei einer TV-Zeitschrift. Veröffentlichung von über 200

Kurzgeschichten in Genres wie Krimi, Science-Fiction, Fantasy, Kinderliteratur sowie Beiträge für Kabarett und Kindertheater.

JOSEF RAUCH

(*1968, Eichstätt) schreibt seit 2007 Kriminalliteratur der Kategorie »Hardboiled«. Protagonist seiner Werke ist der hartgesottene Fürther Privatdetektiv Philipp Marlein, die fränkische Antwort auf Raymond Chandlers Kultschnüffler Marlowe. Josef Rauch hat bisher die Fürth-Krimis »Der Fall Urbas« und »Der tiefe Fall«, den Max-und-Moritz-Krimi »Rickeracke« sowie diverse Erzählungen (u.a. in »Fränkische Schauerbraten«) veröffentlicht. Im Herbst 2014 erschien die bayerische Antwort auf »Sakrileg«, der zusammen mit Xaver Maria Gwaltinger verfasste Duett-Roman »Schwarze Madonna«, in dem Marlein gemeinsam mit dem Allgäuer Hobbydetektiv Emil Bär in Fällen verschwundener und ermordeter Säuglinge ermittelt und dabei einer neuheidnischen Sekte fanatischer Marienverehrerinnen auf die Spur kommt.

URSULA SCHMID-SPREER

Lehrerin im Gesundheitsbereich, (Mit)Herausgeberin von Krimianthologien. Kommissarin Bertaluise Nürnberger ermittelt nun im 4. Kriminalroman (Verlag editon oberkassel). Zahlreiche Veröffentlichungen in Anthologien, Literatur- und Fernsehzeitschriften. Mitglied bei den Mörderischen Schwestern und im Syndikat. Redakteurin bei »The Tempest«
www.schmid-spreer.de

INGRID WERNER

in München geboren, liebt sie die berufliche Abwechslung: Bankkauffrau, Juristin, Mutter von drei Kindern, Heilpraktikerin, Entspannungspädagogin, freischaffende

Malerin und Autorin. Nach langen Jahren in München und Studium in Erlangen lebt sie nun mit ihrer Familie in Bad Griesbach in Niederbayern. Im Emons Verlag erschienen die Rottal-Krimis »Niederbayerische Affären«, »Unguad« und »Karpfhamer Katz«. 2013 wurde sie mit der Kurzgeschichte »Ein wasserdichtes Alibi« für den Agatha-Christie-Krimipreis nominiert. Sie ist Mitglied bei den Mörderischen Schwestern e.V. und im Syndikat. www.werner-ingrid.de

JENNIFER B. WIND
(*1973, Leoben) wohnt mit ihrer Familie bei Wien. Die ehemalige Flugbegleiterin schreibt Romane, Drehbücher und Kurztexte. Zahlreiche Kurzgeschichten, Ratekrimis, Rezensionen und Gedichte wurden in Literaturzeitschriften, Zeitungen, Anthologien und Magazinen veröffentlicht. Viele ihrer Texte wurden mit Preisen ausgezeichnet. Ihr Debütroman »Als Gott schlief« stand vier Monate lang in der Top 10 Krimi/Thriller Bestsellerliste bei Thalia in AUT, D und CH, auf Platz 1 bei Amazon und Weltbild, und wurde für den Wiener Kriminachwuchspreis nominiert. Sie ist Mitglied im Syndikat, den österreichischen Krimiautor/innen und bei den Mörderischen Schwestern, deren Website sie auch betreut. www.jennifer-b-wind.com

280 Seiten, Euro 11,90

330 Seiten, Euro 12,95

270 Seiten, Euro 12,95

250 Seiten, Euro 11,90

www.wellhoefer-verlag.de

RALF KURZ IM WELLHÖFER VERLAG

320 Seiten, Euro 11,90

330 Seiten, Euro 11,90

320 Seiten, Euro 11,90

320 Seiten, Euro 11,90

www.wellhoefer-verlag.de

Toni Feller im Wellhöfer Verlag

Die Sünde

400 Seiten, Euro 9,95

Ein abgetrennter Zeigefinger, mysteriöse Botschaften. Alles andere als ein klassischer Entführungsfall. Der kauzige Kriminalhauptkommissar Nawrod und die junge türkische Kommissaranwärterin Nesrin Yalcin tappen im Dunkeln.

Der Fall nimmt ein ungeheures Ausmaß an, nachdem ein zweites Opfer entführt und verstümmelt wird. Die Nachforschungen führen bis in die höchsten Kreise der katholischen Kirche. Tiefste Abgründe und eine Mauer des Schweigens stellen das Ermittlerteam vor eine kaum lösbare Aufgabe. Als Nawrod selbst zur Zielscheibe des Täters wird, kommt es zu einem gnadenlosen Showdown.

www.wellhoefer-verlag.de

Stumme Augen

288 Seiten, Euro 9,95

Ein schöner Lebensabschnitt soll beginnen, als Manuel Fechner mit Freundin, Tochter und Kater in Freiburgs beschaulichem Stadtteil Herdern ein altes Häuschen bezieht. Doch die Idylle trügt: Die großen dunklen Flecken im Keller stammen von menschlichem Blut, ein Mann mit schaurigen Tätowierungen wird tot aufgefunden und ein schwerstbehinderter Rollstuhlfahrer stürzt unter rätselhaften Umständen in einen Bach.

Als Manuel Zusammenhänge zwischen den erschreckenden Ereignissen erkennt, gerät er selbst in tödliche Gefahr.

www.wellhoefer-verlag.de

www.wellhoefer-verlag.de